KB176075

취업!
이렇게만
준비해라

취업!
이렇게만 준비해라

박재훈 지음

원하던 대기업에 취업하고 싶었던 A 씨, 그러나 자리에 앉아서 공부하는 것을 너무나도 싫어하고 잘하지 못했던 그는 전공을 바꾸려고도 시도했지만, F라는 성적을 받게 되고 그것마저도 포기할 수밖에 없었습니다.

지방대 졸업

전공 성적 4.5 만점에 2점대

전공 관련 자격증 無

토익 성적　　　　無

전공 실험실 경험 無

전공 관련 공모전 無

위와 같은 스펙으로 취업을 준비하게 된 A 씨는 삼성 1곳에만 지원했고, 7일간의 준비를 거쳐 합격하게 되었습니다.

자소서(이하, 자기소개서) 작성 2일

SSAT(인적성검사) 공부 3일

면접 준비 2일

A 씨에게 합격비법을 묻자 일반적인 스펙이 아닌, 진짜 비결을 공개하는데……

- 10살 때부터 아르바이트를 시작
- 일자리를 구하면서 취업난을 경험
- 직원에 대한 수많은 사장님의 평가를 어깨너머로 들음
- 일을 구할 수 있는 능력을 갖추는 것이 중요하다고 깨닫게 됨
- 고등학교 2학년 때 동아리 대표로 신입생 30여 명 면접 진행
- 취업에 관련된 각종 캠프, 취업상담회, 취업설명회 참여
- 직접 인사담당자, 채용담당자, 면접관들과 만남
- 미국(1년)을 포함하여 10개국을 여행하며 해외경험
- ROTC에 합격, 2년 4개월간 소대장 직책을 수행
- 통역봉사활동, 아르바이트, 팀 활동, 동아리 등 대외활동 경험
- 인적성검사 모의고사 전국 3위/537명, 상위 0.56%

A 씨는 바로 저의 이야기입니다. 저는 여러분께 자랑하려는 것도, 단지 성공을 알리고 싶은 것도 아닙니다.

그동안 능력도 있고 열심히 준비했던 친구들이 취업에 실패하고 좌절하는 경우를 수없이 봐왔습니다.

　특히 취업에 대해 걱정만 앞서 정보를 제대로 파악하지 못하거나 준비하는 방법을 정확하게 몰라서 많은 시간을 낭비하고 있는 취업준비생들에게 올바른 방향을 제시해주려고 합니다.

　혹시 취업을 막연하게 생각하여 두려워하고 있나요? 주변의 부정확한 정보를 따라가다가 불필요한 준비들로 시간을 낭비하고 있지는 않나요?

　저는 학생들을 하루빨리 그런 상황에서 벗어나도록 도움을 주고 싶었습니다.

　이 책에는 저자가 그동안 경험했던 값진 노하우들을 실질적인 방법으로 녹여냈습니다. 정확한 정보와 이유 있는 자신감으로 준비해서 모두 취업에 성공합시다!

content
....

프롤로그　　　　005

부록

당장 이번 주에 이력서, 자소서를 써야 하는 지원자를 위한 실전 Tip!

1. 감점 가능성이 높은 자소서 체크리스트 ☑　　　　012

2. 취업준비 잘하는 Tip　　　　013

3. 대학생이 할 수 있는 알짜배기 활동 체크리스트 ☑　　　　014

4. 눈에 띄는 자소서 체크리스트 ☑　　　　014

5. 자소서 평가 체크리스트 ☑　　　　015

6. 자소서 첨삭방법(요약)　　　　017

7. 기업의 주요 인재상　　　　018

8. 자소서에 자주 나오는 질문 / 기출질문　　　　019
   (회사 무작위 선별 결과)

9. 면접스터디 방법　　　　024

10. 직장생활을 하면서 배우면 좋은 스킬　　　　025

11. 학교에서 이용할 수 있는 제도　　　　025

12. 자소서 작성 시 주의사항(실전 Tip)　　　　025

13. 자소서의 성장과정　　　　027

14. 성격의 장단점　　　　033

15. 자소서를 작성할 때 많이 하는 실수들 Top 17　　　　057

16. 자소서 잘 쓰는 노하우 Top 17　　　　071

01 Chapter

취업을 위한 기초단계

1. 취업의 폭을 넓혀라   098
2. 취업준비 전, 진로부터 정해라   099
3. '취업준비'가 아닌 '일할 준비'가 된 인재를 뽑는다   101
4. 선택과 집중!   103
5. 우리가 취업해서 얻을 수 있는 효과   108
6. 취업하고 싶지만 취업준비는 하기 싫다   110
7. 그리 높지 않은 취업 장벽   114
8. 그렇다! 세상은 불공평하다!   116

02 Chapter

취업준비에 필요한 마인드

1. 우리는 절대로 '을'이 아니다   120
2. '정답'은 없다. 그러나 '오답'은 있다   121
3. '쓸데없는 것'에 열정 쏟지 말자   126
4. 결과 없는 성취감은 '물로 배를 채우는 것'이다   131
5. 통계의 장난   133
6. 내가 가고 싶은 회사의 지원 자격을 알아보자   138
    - 실제 회사 홈페이지에서 찾아라
7. 면접에서 할 수 있는 만큼만 자소서에 써라   141
8. 점수 < 실력   141
9. 자신의 노력과 능력을 믿어라   143
    - 숨어있는 능력을 끌어내는 1%의 방법

10. 서류와 면접의 시간 배분   144

11. 영어는 선택이 아닌 필수!   147

12. 좋은 기회가 있다면 절대로 놓치지 마라   156
    - 핑계를 대거나 계산하느라 기회를 놓쳐버리고 있지는 않은가?

13. 주변의 말들에 너무 현혹될 필요 없다   157

14. 우리가 취업을 못 하는 중요한 이유 1   158

15. 우리가 취업을 못 하는 중요한 이유 2   163

16. 회사를 보고 갈까? 부서를 보고 갈까?   167
    - 좋은 회사의 안 좋은 부서? 안 좋은 회사의 좋은 부서?

17. '절실함'의 차이는 '행동'의 차이   168

18. 능력이 부족해도 '이것'이면 못할 것이 없다   174
    - 불가능해 보였던 세계태권도문화엑스포 영어통역

19. 보이지 않는 취업조건: 당락을 결정하는 마인드   177

20. 이상형의 기준을 정해두고 기업을 비교해보자   179

03
Chapter

취업준비방법

1. 스펙을 이기는 경험   182

2. 합격하려면 '인사담당자'의 말을 믿어라   190

3. 회사를 알고 나를 알면 100전 100승   191

4. 취업할 때까지 준비하겠다는 생각은 위험하다   195
    - 단기, 중기, 장기 계획을 세우자

5. 기업분석은 어떻게 해야 할까?   197

6. 회사는 어떻게 인재상을 정할까?   198

7. 자소서를 쓰기 전에 말로 '녹음'해야 하는 이유   204
    - 리듬 연습법

8. 취업에 대한 우리의 잘못된 사고방식   209

9. 늦었다고 생각될 때는 진짜 늦었다   215

이력서, 자소서 작성법

1. 어부는 물고기가 많은 곳에 그물을 던진다   220
   - 뭉치면 죽고 흩어지면 산다
2. 지원동기는 회사를 계속 다니게 하는 이유   221
3. 나무보다 숲을 먼저 봐라   229

나의 취업준비과정

1. 탈스펙이란?   238
2. 내가 걸어온 길   244
3. 내가 중요시했던 활동 8가지에 대한 장단점과 특징   247
4. 대학생 때 하면 좋은 활동   252
5. 나의 취업 후기   262

에필로그   266

부록

당장 이번 주에 이력서,
자소서를 써야 하는 지원자를 위한 실전 Tip!

1. 감점 가능성이 높은 자소서 체크리스트 ☑

(1) 2가지 이상의 질문에 비슷한 내용으로 답하는 자소서 ☐
(2) 인재상에 부합하지 않는 자소서 ☐
(3) 회사의 이름 및 부서를 잘못 쓴 자소서 ☐
(4) 질문의 주제와 다른 내용이 실려있는 자소서 ☐
(5) 띄어쓰기가 잘되어 있지 않은 자소서 ☐
(6) 맞춤법 검사가 잘되어 있지 않은 자소서 ☐
(7) 어디서 많이 본 듯한 내용의 자소서 ☐
(8) 면접관이 잘 모르는 단어를 사용한 자소서
　　(전문용어, 신조어, 약어 등) ☐
(9) 너무 짧은 자소서(분량의 50% 미만) ☐
(10) 지루하게 늘어지는 자소서(사례의 전개가 느림) ☐
(11) 문장 및 단어, 구조가 여러 번 반복되는 자소서 ☐
(12) 질문에 대한 답변을 누락하는 자소서 ☐
(13) 문장의 의미를 이해하기 어려울 만큼 긴 문장의 자소서 ☐
(14) 흐름이 끊길 만큼 짧은 문장의 연속인 자소서 ☐
(15) '~해요, ~에요, ~요' 체로 일관된 자소서 ☐
(16) 한 번에 시선을 끌지 못하는 자소서 ☐

(17) 두괄식으로 작성하지 않은 자소서 ☐

(18) 학연, 지연, 혈연, 이름, 신분 등을 밝혀 본인이 누구인지를 ☐
나타낼 수 있는 자소서(블라인드 채용 위반)

(19) 본인이 수강한 과목을 전부 나열하는 자소서 ☐

(20) 이력서에 작성한 내용을 단순히 풀어 써놓은 자소서 ☐

(21) 질문 등을 하여 대화로 이끌어가는 자소서 ☐

(22) 질문의 내용을 이해하지 못한 채 작성하는 자소서 ☐

(23) 회사의 양식과 다른 자소서 ☐

(24) 사례가 너무 많거나 장황한 자소서 ☐

2. 취업준비 잘하는 Tip

(1) 취업한 선배, 열심히 하는 선배에게 취업 방법을 물어보자.
또 독자가 준비하고 있는 방법을 점검받아라.

(2) 다른 사람의 공부법, 취업준비 방법을 모방해라.

(3) 학생이라면 학교에 있는 취업센터를 자주 이용하자.

(4) 학교에서 지원해주는 진로 및 취업 캠프를 최대한 활용하자.

(5) 자소서를 쓰고, 여러 가지 경험을 할 때는 다른 사람의 조언을
구하자.

(6) 학교 게시판에 있는 포스터를 자주 보자.

(7) 회사 홈페이지의 채용정보를 확인하자.

(8) 교수님들께 취업정보와 면접을 부탁드리자.

(9) 취업의 흐름을 파악하자.

3. 대학생이 할 수 있는 알짜배기 활동 체크리스트 ☑

(1) 동아리 활동 ☐	(2) 학과 생활 / 학생회 ☐
(3) 해외여행 ☐	(4) 학교의 장학제도 ☐
(5) 심리검사 ☐	(6) 자소서, 면접 컨설팅 ☐
(7) 학교 홍보대사 ☐	(8) 활동이 있는 과목 수강 ☐
(9) 공모전 ☐	(10) 실험실 ☐
(11) 스터디 ☐	(12) 토론 ☐
(13) 외국인 친구 ☐	(14) 기업탐방 ☐
(15) 학군단 ☐	(16) 학사상교 ☐
(17) 아르바이트 ☐	(18) 자원봉사활동 ☐
(19) 영어회화 ☐	(20) 체육활동 ☐
(21) 인턴 ☐	(22) 해외인턴 ☐
(23) 경진대회 ☐	(24) 학교 행사 및 축제 ☐
(25) 과목 조별 활동 ☐	

4. 눈에 띄는 자소서 체크리스트 ☑

(1) 소제목을 넣어라. ☐

(2) 문단 구분이 잘되어 있는 자소서(칸 넘기기) ☐

(3) 두괄식으로 작성해라. ☐

(4) 1개의 질문에 물어보는 내용이 3개면 3가지 모두 답을 해야 한다. ☐

(5) 강조할 단어에는 '' 표시를 하고, 강조할 문장에는 『』로 표시한다. ☐

(6) 자소서를 읽으면서 감정을 느끼게 해주어라. ☐

(7) 짧은시간 안에 핵심을 전달하자. ☐

(8) 글자 수가 넘어서 잘렸는지 확인하자. ☐

(9) 중요한 내용 전까지의 전개를 빠르게 하자. ☐

5. 자소서 평가 체크리스트 ☑

(1) 자소서를 쓰고 군더더기가 없는가? □

자소서를 읽으면서 삭제해도 말이 되는 부분이 있는지 확인해라. 군더더기(주로 접속사, 부사, 너무 짧은 문장들, 같거나 비슷한 말의 반복 등) 단어나 문장이 없어야 한다.

(2) 빠른 스토리 진행이 잘 되고 있는가? □

주제문장이 나오기 전에 사례가 불필요하게 길면 안 된다. 발생한 문제, 극복방안과 직접적인 관련이 없는 부분은 과감하게 축소하자.

(3) 제3자가 지원자의 자소서만 봤을 때 지원자는 어떤 사람으로 보이는가? □

지원자를 모르는 상태로 자소서만 읽었을 때 어떤 사람으로 보일지 스스로 또는 주변 친구들에게 읽어보도록 하고 피드백을 받자.

(4) 본인이 어필하고 싶은 자신의 모습과 자소서의 이미지가 일치하는가? □

내가 어필하고 싶은 모습과 자소서 속의 내가 일치해야 한다. 일치하지 않으면 어떤 부분 때문인지를 정확히 알고 해당 부분을 고쳐야 한다.

(5) 구체적으로 하고 싶은 업무를 언급했는가? □

입사해서 하게 될 업무는 구체적일수록 좋다. 가고 싶은 마음이 없으면 구체적인 업무를 말할 수가 없다. '뭐든지 열심히 하겠다.', '시키는 대로 하겠다.'는 말은 의미가 없다.

(6) 자소서를 읽고 나서 지원자의 입사 후 모습이 이미지화되는가? □
너무 많은 장점을 언급하거나 다양한 이미지를 심어주면 안 된다.
1∼2가지의 이미지를 강하게 주자. 구체적인 행동을 언급해서 이미
지화를 유도하자.

(7) 본인의 강한 의지를 어필했는가? □
강한 단어들로 본인의 강한 의지를 어필하고 어떤 것에 대한 의지가
있는지 구체적으로 써라.

(8) 지원동기가 생긴 시점이 너무 최근으로 보이는가?(채용 공고가
뜬 이후 등) □
지원동기에 주된 내용이 숫자나 순위에 맞춰있거나 최근의 변화보다
는 꾸준하고 본질적인 부분에 맞춰있으면 좋다.

(9) 지원회사의 인재상과 맞춰봤을 때 잘 맞는 인재인가? □
회사의 인재상을 먼저 찾아보고 나와 자소서 속의 나를 인재상과 비
교해보면서 유리하게 어필하자.

(10) 면접에서 면접관이 관심 가질만한 내용을 자소서에 적었
는가? □
면접관이 이력서와 자소서를 읽었을 때 궁금해하거나 질문할 내용이
떠오를 수 있게 써라. 평범한 내용보다는 독특한 이력이 관심을 끈다.

(11) 자소서에 기반을 둔 면접관의 예상 질문에 답을 할 수 있는가? □
자소서에 작성한 내용에 대해서 정확히 이해하고 답변할 수 있도록

준비하자. 애매한 부분이 있다면 자소서를 정확하게 정리하고 불리한
내용이 있다면 삭제하자.

(12) 면접에서 할 자기소개와 똑같은 내용이 적혀 있지 않은가?　□
면접 때 자소서의 성장과정을 그대로 외워서 읽지 말자. 외워서 그대
로 답하려고 하면 어색해지고 듣는 사람도 지루하다.

(13) 소리 내서 읽어봤을 때 한 번에 안 읽히는 곳이 있는가?　□
꼭 작성 후에는 소리내어 읽어보는 습관을 들이자. 눈으로만 읽었을
때 놓치는 것들도 찾아낼 수 있고 자소서에 확신이 생긴다.

(14) 자소서를 쓰면서 잘 안 써지는 부분이 있었나?　□
자소서를 쓸 당시에 잘 안 써졌거나 여러 번 다시 썼던 부분이 있다
면 내용의 앞뒤 연결이 어색하거나 내용전달이 안 될 수가 있다. 그
부분에 유의하면서 읽어보자.
※ 더 궁금한 사항은 본문에 자세히 수록되어있음.

6. 자소서 첨삭방법(요약)

(1) 자소서를 읽으면서 앞의 체크리스트를 전부 점검한다.
(2) 자소서의 질문을 정확하게 파악하고 질문에 대한 직접적인 답변
　　에 밑줄을 친다.
(3) 키워드와 직접적인 답변이 있는 부분을 찾기가 쉬운지 파악하고
　　어느 위치에 있는지를 확인한다.
(4) 전체 내용 중에 직접적인 답변의 비율이 너무 적거나(40% 미만)

답변이 적절하게 되어있지 않는지를 평가한다.

(5) 직접적인 답변의 비율을 높이고 사례를 축소한다. 여러개의 질문이 있을 때, 한 가지의 질문에만 많은 답변을 하지 않도록 비율을 맞춘다.

(6) 자소서 속의 지원자가 어떤 인재로 보이는지 추측하고 말하고 그렇게 추측한 이유에 해당하는 부분을 표시한다.

(7) 자소서에 어필하지 못한 것이 있다면 부족한 부분을 어필하도록 자소서를 고친다.

7. 기업의 주요 인재상

고객인식, 개방성, 고객욕구 파악, 고객가치 창출, 고객중심, 새로운 가치 창출, 글로벌 전문가, 고객과 함께, 기술혁신, 능력, 나눔, 도전정신, 동반성장, 목표, 미래지향적 사고, 열린 문화, 열린 마음, 열린 머리, 변화주도, 바름, 비전, 성과창출, 섬김, 상호협력, 소통, 신념, 순수, 사업전문가, 사랑, 실행력, 신뢰, 신선한, 안전, 업무 전문가, 열정, 올바른, 용병, 역량, 의지, 의사소통, 양성, 인성, 성숙한 인격, 존중, 정정당당, 자기개발, 즐거운, 전문역량, 직업의식, 자람, 적극적, 지속가능 관계, 정도경영, 정직, 전문성, 자기주도, 정도와 원칙을 지키는 인재, 저비용, 충직, 창조, 칭찬, 창의적인 열정인, 체계적 방법, 창조적 예지, 강인한 추진력, 친근한, 창의력, 커뮤니케이션, 팀원, 팀워크, 프로정신, 열린 행동, 학습, 행복, 혁신, 협업, 화합하는 협력인.

Active, Adventurous, Challenge, Creative, Creativity, Customer, Dream, Enjoy, Fashion, Fair, Friendly, Fresh, Fun, Global, Harmony,

Innovation, Integration, Integrity, Openness, Partnership, Passion, Practice, Pride, Respect, Technology, Venture Spirit

8. 자소서에 자주 나오는 질문 / 기출질문(회사 무작위 선별 결과)

(1) 1위(17.8%) 성장과정을 작성하시오. 나에게 영향을 준 사례는 무엇인가요? 본인의 장점 및 약점은 무엇인가요? 나 자신에게 얼마나 정직한지 사례 위주로 쓰시오(약점을 보완하고 있는 사례 포함).

질문의 의도: 지금의 나에게 영향을 준 사건은 무엇이고 어떤 변화를 주었나요? 회사의 인재상에 대해서 정확하게 알고 있으며 어떤 장점을 어필하고 어떤 단점을 단점으로 이야기하는지 궁금하다.

작성법: 지금의 나의 성격과 능력을 만들어준 계기는 무엇이고 어떤 이유 때문에 지금의 내가 될 수 있었는지에 대해서 답을 해야 한다. 나의 성격과 능력을 증명할 수 있는 근거를 대고, 그때 배웠던 역량을 발휘해 앞으로 회사생활을 할 때 어떻게 적용시킬 수 있을지 구체적으로 답변해야 한다. 성장과정은 과거가 아닌 현재 모습이 궁금한 것이니 최근의 성격과 최근의 사례들을 작성해야 한다.

(2) 2위(12.3%) 지금까지 입사하기 위해서 어떤 노력을(준비를) 하였고 어떤 역량을 얻게 되었는가?

질문의 의도: 지금까지 해왔던 것들이 우리 회사, 그리고 지원부서에 취업하기 위한 준비인가요? 아니면 스펙을 쌓거나 친구들을 따라서 준비했던 것인가요? 노력하면서 힘들었던 점은 무엇이고 어떻게 극복을 했나요? 노력을 통해서 무엇을 배웠고 바뀌었나요?

취업을 하기 위해서 실질적으로 어떤 노력을 해왔는지, 그러한 노력은 직무와 회사에 부합하는지 여부를 확인하기 위함이다.

작성법: 노력과 경험도 중요하지만 무언가를 배우려는 목적을 가지고 해야 하며 자소서에는 노력에 대한 결과까지 써주어야 하고, 그렇게 얻은 역량을 가지고 회사에 들어와서 어떤 업무를 어떻게 할 것인지 구체적으로 쓸수록 좋은 평가를 받을 수 있다. 예를 들어 '최선을 다하겠습니다.'가 아닌 '그때 배운 정리의 기술을 이용해서 행정업무의 매뉴얼을 만들겠습니다.' 또는 '그때의 부지런함으로 아침 일찍 사무실에 와서 책상 정리를 하겠습니다.' 등의 구체적이고 눈에 보이는 행동, 이미지화를 시켜줘야 한다. 글만 읽어도 머릿속에 내 모습이 그려지면 그렇지 않았을 때보다 훨씬 좋은 평가를 받는다.

(3) 3위(11.1%) 그동안 해 온 경험을 쓰고 그로 인해 얻은 역량은 무엇인가요?

질문의 의도: 지원자의 대학생활은 어땠는지, 다양한 경험을 했는지, 그 모습을 통해서 어떤 사람인지 궁금하다. 또 면접에서 질문과 원활한 대화를 하기 위해서 미리 질문하는 것이다.

작성법: 경험도 중요하지만 목적을 가지고 자발적으로 한 것인지 드러나야 한다. 경험 자체보다는 경험을 통해서 느낀 점과 배운 점을 정확하게 써주어야 실력으로 인정을 받을 수 있다.
단순히 경험이나 사례를 나열하는 것은 나의 역량을 어필할 수 없다. 간접적으로 표현하지 말고 "나의 역량은 '무엇'입니다."라고 정확히 언급해야 한다.

(4) 4위(11%) 입사 후 포부, 앞으로의 계획, 사회인으로서의 목표.

질문의 의도: 실제로 우리 회사에 와서 일할 생각을 해보았나요? 어떤 업무를 하는지 알고 있나요? 어떤 업무를 하고 싶고, 어떤 계획을 하고 있나요?

작성법: 열심히 하겠다는 다짐을 한 사람과 안 한 사람은 차이가 있을 것이다. 다짐을 했다는 것만으로도 잘 적응할 확률이 올라간다. 또 구체적으로 입사 후 포부를 말하면서 회사와 본인의 미래를 이미 지화하게 만들어 애사심을 길러준다.

따라서 구체적으로 작성하는 것이 필요하고, 업무가 아닌 다른 자기계발이나 관련 없는 포부는 작성하면 안 된다.

(5) 5위(10.4%) 회사에 부서에 지원하게 된 동기, 계기가 무엇인가요?

질문의 의도: 회사에 지원하려는 이유가 궁금하다. 회사에 계속해서 다닐 의지가 있는지가 궁금하다. 혹시 합격하고 나서 다른 회사로 옮기거나, 일하면서 계속 다른 회사에 지원하려고 할지 궁금하다. 장단점과 회사의 부서에서 어떤 일을 하는지 알고 지원했는지 궁금하다.

작성법: 회사와 부서에 대한 단점도 알고 있지만 극복할 수 있다는 것을 어필하고 그것을 증명하기 위한 사례를 구체적으로 제시해야한다. 왜 우리 회사와 부서를 선택했는지를 이야기해주어야 한다. 우리 회사만의 특징을 언급해주는 것이 좋다.

(6) 6위(9.2%) 가장 힘들었던 경험, 무언가를 도전했던, 가장 기억에 남는 경험은 무엇인가요? 극복방법은 무엇인가요?

질문의 의도: 우리 회사에 들어오면 그것보다 훨씬 힘들고 처음 경험

해보는 일들도 많을 겁니다. 그럴 때는 어떻게 받아들일 것이고 어떻게 대처할 것인가요? 도전했던 계기는 무엇이고 무엇을 느꼈고 어떤 역량을 갖게 되었나요?

작성법: 질문의 숨은 의도를 정확히 알았으면 표면적인 내용이 아닌 숨은 의도에 맞게 작성해야 한다. 실제 회사에 들어가서 도움이 될만한 사례, 업무를 하면서 있을법한 사례를 예로 들면 더 효과적이다. 또 힘든 것을 극복하는 방법 또한 회사에서 직장동료들과 또는 고객들과 할 수 있는 내용이면 더욱 좋다. 단순히 문제를 해결했는지, 못했는지가 아니고 그러한 노력과 발휘된 역량, 깨달은 것을 정확하게 작성해야 한다. 나의 노력이 없이 해결되었거나 대학생 때만 할 수 있는 방법은 효과적이지 않다. 그러나 숨은 의도를 알고 있다는 것을 직접적으로 말하지는 말자. 글 속에서 넌지시 어필해야 자연스럽게 전해질 수 있다.

(7) 7위(8.6%) 내가 회사에 적합한 인재인 이유는 무엇인가요? 회사에서 지원자를 채용해야 하는 이유는 무엇인가요?(흥미, 적성 포함)

질문의 의도: 우리 회사의 인재상을 알고 있는지를 확인하는 것이며, 우리 회사의 인재상과 업무에 맞출 수 있나요?

작성법: 회사의 인재상을 정확하게 파악하고 이야기를 시작해야 하며, 면접에서 내가 보여줄 모습까지 생각하면서 말해야 한다. 자소서에서 말한 내용들은 면접에서 검증할 수 있기 때문에 잘 생각해야 한다. 본인이 가진 역량을 이야기하고, 자신감 있게 대답하는 태도가 중요하다. 남들보다 부족할 수도 있지만 자신감을 가지고 어필해야 한다. 어필하지 않는다면 능력이 있는 인재일지라도 필요한 인재로 보이지 않는다.

(8) 8위(5.5%) 회사에 대해서 알고 있는 것, 개선할 점은 무엇인가요? 직무와 관련된 이슈, 사례에 대해서 작성하시오.

질문의 의도: 회사에 대해서 얼마나 관심을 갖고 있나요? 평소에 생활할 때에도 자사와 해당 부서에 대한 관심을 가지고 관찰한 적이 있나요?

작성법: 평소에도 관심을 가지고 있다는 것을 어필하는 것이 좋고, 직무와 직접적으로 관련이 되는 현재 이슈를 언급하는 것도 좋지만 현재 이슈되고 있는 것이 없다면 직접적으로 관련이 없는 내용을 통해서도 지원부서에 어떤 영향을 끼칠지 끌어내는 것도 필요하다.

(9) 9위(5.5%) 조직 내에서 공통의 목표를 달성해 본 경험이 있는가? 팀 내에서 문제가 발생했던 경험이 있나요? 어떻게 극복했나요?

질문의 의도: 학교 외에 단체생활을 해보았나요? 단체생활을 하다 보면 단체, 다른 사람들과 어울려야 하는데 잘할 수 있으세요? 어떤 문제들이 생길지 생각해본 적 있으세요?

작성법: 업무에 관련된 것이 아니더라도 회사에서는 단체생활을 해봤다는 것 자체를 높이 평가한다. 그렇기 때문에 사례를 정할 때 업무와 직접적인 관련이 없더라도 단체생활했던 경험을 이야기해야 한다. 단체생활에서 신입사원한테 바라는 것이 무엇인지를 생각해보고 신입사원의 모습이 잘 드러날 수 있는 내용을 작성하자.

(10) 10위(4.3%) 삶의 목표 및 가치관은 무엇인가요? 정직하게 행동해서 이득을 본 경험이 있나요?

질문의 의도: 삶에서 가장 중요시하는 부분이 무엇인가요? 삶의 목표

와 가치관이 있는 분인가요? 인적성검사에서 답변했던 내용과 일관성이 있나요? 정직한 사람인가요? 그러한 사례가 있나요?

작성법: 삶의 목표가 있다면 직장생활을 더 열심히 할 수 있다. 공기업의 경우에는 업무능력도 중요하지만 공직에 있는 사람이기 때문에 특히 정직한 사람인지를 물어보는 질문이 많다.

(11) 11위(4.3%) 기타

9. 면접스터디 방법

(1) 면접자와 면접관을 나눈다. 번갈아가며 역할을 교대한다.

(2) 면접관의 정확한 피드백을 위해서 일대일 또는 다대일로 면접자가 너무 많이 배치되지 않도록 한다.

(3) 항상 녹화나 녹음을 하자.

(4) 나중에 같이 보는 시간을 갖는다. 면접 중간에는 말을 갑자기 끊어서는 안 되며, 면접관의 리드에 따라 진행한다.

(5) 웃거나 밝은 분위기는 괜찮지만 절대 장난스러운 행동을 해서는 안 된다.

(6) 면접관은 최대한 면접관의 입장에서 평가하고 면접관과 비슷한 느낌을 주려고 노력한다.

(7) 너무 긴 시간 동안 면접을 진행하거나(최대 7분 이내) 너무 많은 추가 질문을 하지 않는다.

(8) 면접과 면접 사이에는 피드백(필요시 찍은 동영상 시청)을 꼭 가지며 지원자가 수정할 수 있는 시간(최소 1분)을 따로 주자.

(9) 면접 중간에는 피드백하지 않으며, 내용에만 치중하지 않고 시각적인 요소와 청각적인 요소를 같이 평가한다.

(10) 면접자는 본인의 주장을 하기보다 면접관의 눈에 보인 본인의 모습과 면접관의 관점을 존중해준다.

(11) 한 번에 너무 큰 효과를 기대하지 말고, 잘하지 못한다고 창피를 주거나 면박을 주면 안 된다.

(12) 처음에 녹화한 비디오와 연습 후에 달라진 모습을 비교해본다.

(13) 면접자와 면접관의 역할을 바꿔서 연습해본다. 면접관을 해보는 경험이 필요하다.

10. 직장생활을 하면서 배우면 좋은 스킬

파워포인트, 엑셀, 스피치, 보고서 작성, 프레젠테이션, 운전, 빠른 타자, 한글, 속독, 대화법, 설득법

11. 학교에서 이용할 수 있는 제도

학점교류 학점 포기, 교직이수, 휴학, 계절학기, 재이수, 복수전공, 부전공, 전과 평입, 장학제도, 졸업, 졸업유예, 조기졸업, 외부장학금, 멘토링

12. 자소서 작성 시 주의사항(실전 Tip)

자신의 자소서를 옆에 두고 바로 확인해보면서 고쳐보자. 읽는 즉시 무엇이 잘못되었고 어떻게 바꿔야 할지에 대한 감각이

생길 것이다. 모든 Tip을 다 읽고 한 번에 고칠 필요 없다. 읽는 즉시 떠오르는 피드백이 있다면 바로 고쳐보자. 지금부터의 피드백은 정말 급한 지원자를 위한 속성 Tip이므로 최대한 간결하게만 표현되어있다. 조금 더 나은 자소서를 원한다면 책 전체를 읽어보기를 권장한다.

(1) 간결, 명확하게 쓰자.
(2) 자소서만 읽었을 때 의문점이 생기면 안 된다.
(3) 주어와 서술어의 호응이 맞아야 한다.
>　예시1) ~는~이다. / 왜냐하면~이기 때문이다.
(4) 같은 단어나 조사의 반복을 피하자.
>　예시2) 우리에게 주어진 시간이 **짧아서** 프로젝트를 할 수 있는 시간이 **짧았습니다**. → 우리에게 주어진 시간이 **짧아서** 프로젝트를 할 수 있는 시간이 **부족했습니다**.
(5) 바로 이어지게 반복되는 것을 피해야 한다.
>　예시3) 나는 이런 상황을 좋아하는 것을 당연하게 생각했던 것을 반성했습니다. → 나는 이런 상황을 좋아하는 것**에 대해서** 당연하게 생각했던 것**을** 반성했습니다.
>　예시4) 자격증 취득을 위해 공부**하면서** 여러 가지 조사를 **하면서** 흥미를 갖게 되었습니다. → 자격증 취득을 위해 공부**하고** 여러 가지 조사를 **하면서** 흥미를 갖게 되었습니다.
>　예시5) 취업**을** 했**을** 때에 → 취업**을** 하**면** / 취업**을** 하**게 되면**
※ 의미가 변하지 않도록 해야 한다.

13. 자소서의 성장과정

(1) 지원자의 어릴 적 성장배경을 말하기 위해서 부모님의 이야기가 주된 사례가 되어서는 안 된다.

부모님의 사례를 소개하고 그것을 통해서 자신감, 도전정신, 긍정적인 마인드 등을 배웠다고 하는 결론의 자소서는 부모님의 합격사례가 될 수는 있지만 나를 정확하게 설명할 수 없다. 부모님의 이력이나 과거 사례를 소개하는 것으로 끝내지 말고 그러한 상황으로 인해서 내가 깨달았던 것, 배웠던 것들을 강력하게 어필해보자. 무엇보다 중요한 것은 구체적으로 말을 하는 것이다.

(2) 성장과정을 작성할 때는 성장과정이 나에게 어떤 기대를 하게 만들지 제3자의 입장에서 예측하며 써야 한다.

성장과정을 읽어봤으나 지원자가 어떤 성격을 가졌고 무엇을 배우고 느꼈는지를 알 수 없다면 성장과정을 잘 작성했다고 할 수 없다. 성장과정을 적는 이유는 성장과정 자체를 말하기 위함이 아니라 이를 통해서 나를 나타내기 위함이다.

우리가 자소서를 작성할 때 흔히 성장과정은 꼭 오랜 시간 동안 지속하여온 환경이라고만 생각한다. 그러나 사실은 그렇지 않다. 나를 깨닫게 해주는 것은 순간이다. 환경은 지속적일지라도 모든 깨달음은 순간에 온다. 그 순간을 잘 잡아낼 필요가 있다. 다음의 예를 들어보자.

잘못된 예시)

엄하신 아버지와 온화하신 어머니의 슬하에서 1남 2녀 중 장남으로 태어나……

잘된 예시)

아버지는 저에게 자주 이런 말을 하셨습니다. "항상 '자신감'을 가져라."

또는 "항상 '자신감'을 가져라." 이것은 아버지가 저에게 자주 하시던 말씀입니다.

잘못된 예시를 보고 지원자의 성격을 파악해보자. 또는 어떤 성격을 어필하고 싶은지 추측해보자. 아버지를 닮아서 엄할 수도 있고, 어머니를 닮아서 온화할 수도 있고, 장남으로 태어나서 책임감이 있을 수도 있다. 어쩌면 세 가지의 장점을 모두 갖춘 인재처럼 보인다고 생각했기 때문에 그렇게 작성했겠지만 지원자가 어떤 성격을 가졌는지 한 번에 파악할 수 없어서 오히려 아무런 장점도 어필할 수 없게 되었다.

잘된 예시를 보자. 보자마자 '지원자는 자신감을 가졌겠구나.'라는 생각이 든다. 그리고 '자신감을 갖고 있다는 이야기를 하겠구나.'라는 생각도 든다. 그렇게 되면 평가관은 자소서를 읽을 때 예측을 하면서 읽을 수 있고 조금 더 쉽게 지원자를 파악할 수 있으며 호의적인 시선을 갖고 평가할 수 있게 된다.

자소서를 읽으면서 무슨 말을 하려는지 파악이 안 된 채 글을 읽게 되면 집중하느라 표정을 찡그리게 되고 부정적으로 판단할 수밖에 없게 된다.

(3) 성장과정은 최근 내용을 써야 한다.

자소서에서 말하는 성장과정이란 유아기, 초등학생, 사춘기 때를 말하는 것이 아니다. 취업하기 전까지의 과정이라고 보면 된다. 그러나 어렸을 때가 아닌 내가 나의 의지로 선택하고 무언가를 해 나갈 수 있는 대학생활의 이야기를 쓰면 가장 좋다. 그래야 기억도 잘 할 수 있고 '지금의 나'에게 큰 영향을 줄 수 있기 때문이다. 일부 어렸을 때의 기억을 더듬어가며 쓰는 경우가 있는데 좋은 평가를 받기 힘들다.

문제)

본인의 '전공 관련 지식'을 강조하려고 한다. 어떤 경험을 사용하는 것이 유리할까?

① 초등학생 때 전공 관련 공모전에서 받은 우수상

② 대학생 때 전공 관련 공모전에서 받은 장려상

②가 훨씬 유리하다. 초등학생 때 우수상을 받은 지식보다는 대학생 때 장려상을 받은 것이 훨씬 지식의 수준도 높을 것이며 현재의 지식으로 남아있을 가능성이 크다.

단, ①이 초등학생이 아니고 고등학생 정도였다면 다시 판단해 볼 필요가 있다. 또 '전공 관련 지식'이 아닌 '지원동기'를 어필하기 위한 사례라면 너무 최근 것보다는 어느 정도 기간이

지난 사례를 드는 것이 유리하다.

　우리가 정말 많이 하는 실수는 장단점 중에 장점을 잘 살려서 쓰는 것은 좋지만 대부분의 경우 실제로 내가 가진 장점 중에 가장 큰 것을 쓰려고 한다.

　성격의 장단점은 이력서의 다른 항목과는 다르게 해석해야 한다. 우리가 이력서를 쓰면서 특기, 학력, 대외활동, 자소서의 다양한 경험 중 자신이 가장 잘하고 남들이 봤을 때도 객관적으로 가장 뛰어난 것을 써왔기 때문에 성격의 장단점도 내 성격 중에 최고의 장점이나 가장 두드러진 강점을 쓰기 쉽다.

　앞의 예를 보면 특기는 내가 가장 잘하는 것, 학력은 최종학력, 대외활동도 유명하고 규모가 큰 것, 자소서에서의 경험도 내가 한 경험 중 사소한 것보다는 대단한 것을 작성하려고 한다. 그렇다 보니 성격의 장점 중에 최고의 장점을 쓰는데, 그것은 초점을 잘 못 맞춘 것이다.

　내가 지원하는 부서에서 필요한 성격이 A라면, 내가 A라는 성격을 갖추고 있으며 그것을 잘 이용해서 문제를 해결했거나 그동안 경험을 하면서 A라는 장점을 키워왔던 사례를 써야 한다. 성격의 장단점 역시 성장과정처럼 부서 업무를 할 때 어떤 도움을 줄 수 있는 지까지 답변하면 훌륭하다.

　자, 그러면 회사에서 또는 부서에서 원하는 성격의 장점은 어떤 것일까? 회사에서 원하는 성격의 장점을 알려면 인재상을 살펴보자. 회사 대부분이 비슷한 인재상을 갖고 있고 장점에 대해서만 언급하고 있다. 단점은 나중에 다시 이야기하겠다.

자신의 장점을 어필하는 것도 굉장히 중요하다. 그러나 회사에 관해서 관심이 있다면 분명히 회사의 인재상을 알고 있으며, 그것에 부합하기 위해 노력했을 것이다. 지원자들이 회사의 인재상까지 들어가서 파악해봤다는 것은 회사에 대한 관심과 사랑이 있다고 인정할 것이다. 그리고 인재상에 초점을 맞추고 자소서와 면접을 준비했다는 것은 높은 점수를 줄 수밖에 없다. 그리고 지원자가 가고자 하는 부서에서 업무를 하는데 필요한 성격의 장점은 부서별로 공통이라 부서특성에 맞게 대답하면 좋다. 그러나 정말 중요한 것은 부서에서 원하는, 회사에서 원하는 장점을 알고 있다고 해서 자신과 맞지 않는 성격을 장점으로 이야기한다면 문제가 생길 수 있다. 미리 인재상을 파악하고 면접 전까지 장점으로 만들도록 노력해야 한다.

내가 말하고자 하는 핵심은 본인이 가진 여러 가지 장점 중에서 첫 번째로 훌륭한 장점을 말하기보다는 두 번째나 세 번째 장점일지라도 회사와 부서에서 원하는 장점을 강조할 필요가 있고 또 그렇게 되기 위해서 미리 준비를 하라는 의미다. 그러나 장점이 아닌데 장점이라고 말하라는 뜻이 아니다.

이제 단점에 대해서 이야기해보자. 사실 단점을 말하지 않는다고 해서 또는 단점이 없다고 해서 문제되지는 않는다. 단점이 있을지라도 단점이라고 생각하지 않는다고 하면 뭐라고 할 수는 없으나 자신을 객관적인 눈으로 보고 분석을 해봤는지, 자신의 단점을 알고 극복하려고 노력하는지에 관해 언급을 하면 좋다.

그러나 여기서 피해야 할 점이 있다. 장점과 마찬가지로 나의 최대 단점을 말하기보다는 회사와 해당 부서에서 절대적으로 가져서는 안 되는 단점을 웬만하면 피해서 너무 치명적이지 않은 단점을 언급하면 좋다. 사실 회사생활을 하면서 문제가 되는 것은 장점이 없어서보다 단점이 있기 때문이다.

일을 잘 못하거나 몰라서 큰 문제가 발생하는 일은 별로 없다. 그러나 실수를 하거나 해서는 안 될 행동을 하면 전체에 피해를 줄 수도 있어서 면접관들이나 선배들이 크게 경계하는 것이 단점이고 실수이다. 일반적으로 잘하는 일은 눈에 잘 안 띄고 멀리 퍼지기도 힘들지만 잘하지 못하는 일은 눈에도 잘 띄고 멀리 퍼지며 책임을 물기도 한다.

따라서 면접관들이 단점에 관심을 가질 수밖에 없다. 그리고 성격의 장단점을 작성하는 것은 지원자이지만 그것을 평가하고 검증하는 것은 면접관의 몫이다. 우리가 성격의 장단점에 쓰지 않았더라도 면접을 통해서 면접관이 지원자의 성격의 장단점을 알게 된다.

그러니 밝고 활동적인 성격이 최대의 장점이더라도 정적인 업무에 지원하였다면 인내심이나 성실함 등 업무에 맞는 장점을 찾아보는 것이 좋다. 활동적이라는 장점은 어떤 면에서는 단점으로 작용할 수도 있기 때문이다.

14. 성격의 장단점

(1) 성격의 장단점을 쓰라고 하면 장점을 최대한 많이 쓰고 단점을 겨우 찾아내서 1개를 쓴다. 그러나 장점의 개수가 많다고 좋은 평가를 받는 것은 아니다. 다음의 예시를 살펴보자.

잘못된 예시)

저의 장점은 정말 많습니다. 어렸을 때부터 가져왔던 ① 강인한 정신력, ② 다른 사람과 쉽게 친해질 수 있는 사교성, ③ 누구에게나 배울 수 있는 태도, ④ 쉽게 포기하지 않는 끈기와 ⑤ 인내심, ⑥ 맡은 일은 끝까지 해내는 책임감을 가졌습니다.

저의 단점은 쉽게 긴장을 한다는 것입니다. 그러나 지속적으로 극복하려고 노력하고 있습니다.

잘된 예시)

저는 다양한 사람과 쉽게 친해질 수 있는 ① '사교성'을 갖고 있습니다. 저는 책을 많이 읽었고 다양한 아르바이트 경험이 있습니다. 이러한 경험을 통해서 여러 사람을 만났고 다양한 사람들의 입장을 쉽게 이해할 수 있게 되었습니다. 덕분에 지금은 면접처럼 낯선 사람을 만나는 자리에서도 쉽게 가까워질 수 있게 되었습니다. 반면에 저의 단점은 반복되는 일을 좋아하지 않는다는 점입니다.

앞의 예시를 보면 어떤가? 잘못된 예시의 지원자가 장점이 더 많은 인재처럼 느껴지는가? 그렇지 않다. 6개의 장점은 기억조차 하기 힘들다. 하나를 말하더라도 확실하게 이미지화할 수 있도록 해야 한다.

또 성격의 장단점 외의 질문에서는 자신의 약점을 드러내지 말자. 특히 유추할 수 있는 치명적인 단점을 작성하면 평가관의 표적이 되기 쉽다. 이력서 등에 약점이 드러날 수밖에 없다면 면접 때는 그에 맞는 답변을 준비해서 가야 한다. 면접과 관련된 내용은 『면접! 이렇게만 준비해라』에 구체적으로 나와 있으니 참고하면 된다.

　(2) 성격의 장단점에서 핵심은 진짜로 나의 장점을 어필하는
　　것이 아니다. 같이 한번 생각해보자. '성격의 장단점을
　　쓰시오'라는 말의 속뜻은 무엇일까?

결론부터 말하면, 우리 회사에서 원하는 인재상에 대해서 알고 있는가? 그리고 지원자가 인재상에 부합하는 인재인지를 어필하시오.

그렇다. 기업에서는 나의 성격에 대해 자세히 알고 싶지 않다. 다만 회사가 원하는 성격이 있는데, 이에 부합하는지 물어보는 것이다. 연애를 할 때도 이상형에 맞는 사람만 만날 수 없듯이 회사도 모든 인재상에 전부 부합하는 인재만을 뽑으려는 것은 아니다. 그러나 최소한 기업의 인재상을 알고 그중에 하나라도 가졌다면 선택할 확률이 더 높아지는 것은 사실이다. 인재상을 알고 있다는 것만으로도 관심의 표현이고 인재상에

맞게 성장할 것이라는 기대를 할 수 있기 때문이다.

　질문의 속뜻인 면접관이 실질적으로 물어보고 싶은 질문에 대한 대답을 해보자. 먼저 우리의 인재상을 알고 있느냐는 질문에 인재상에 맞는 나의 장점을 생각해보자. 내가 희망하는 기업의 인재상이 '창의적인 인재, 도전적인 인재, 소통하는 인재'라면 세 개 중에 나의 모습과 가장 비슷하고, 사례를 통해서 어필하기에 가장 수월한 인재상을 뽑아 선택해보자. 나의 경험을 생각해서 선택을 해본다면 창의적인 인재는 창업경진대회에 아이디어를 들고 참여했던 사례, 소통하는 인재는 앞에 작성했던 것처럼 책을 많이 읽고 다양한 경험을 했다는 이야기를 써서 입장을 이해할 수 있다고 어필할 것이다. 도전적인 인재에 대한 사례는 상대적으로 크게 생각나는 것이 없기에 둘 중에 하나를 선택해서 쓰면 된다. 이번에는 두 가지의 인재상 중에 나의 지원 부서를 고려해보자. 나의 경우에는 군대에서 지원통제소대장을 했었던 경험을 살려서 생산관리, 인력관리로 지원을 했다. 그렇다면 '소통하는 인재'에 조금 더 가깝다고 할 수 있기 때문에 소통하는 인재로 어필하고자 한다.

　성격의 장단점은 이런 식으로 정리를 해나가는 것이다. 성격의 장점과 단점은 정말 많지만 그 모든 것을 어필할 수도 없고 전부 다 보여서도 안 된다. 내가 생각하는, 남이 생각하는 나의 장점보다는 회사에서 원하는 장점에 초점을 맞춰야 좋은 평가를 받을 수 있다.

(3) 사례를 찾기 전에 최종 결론, 배운 점과 느낀 점을 먼저 정해라.

첨삭을 하기 위해서 자소서를 보면 많은 경우에 성장과정과 성격의 장단점, 가장 힘들었던 경험들의 사례를 쓰고 어필을 하라고 하면 지원자들이 가장 먼저 하는 일은 내가 했던 일 중에 가장 좋은 스펙이라고 생각하는 것을 떠올리고 사례로 작성한다. 그 후에 그 사례를 통해서 배울 수 있는 점, 느낄 수 있는 점이 뭐가 있을지 고민한다. 그러나 우리는 다시 생각해봐야 한다.

가장 훌륭한 사례를 적은 후에 배울 수 있는 점을 찾아내는 방법은 생각보다 어렵다. 자소서를 써보면 사례는 길어지는데 결론에 할 말이 없거나 이상하게 전개되는 경우를 볼 수 있는데, '훌륭한 사례 찾기 → 극복방법 → 배운 점 또는 느낀 점'의 순서로 생각이 전개되기 때문이다. 설명 전에 다음의 자소서를 순서대로 읽고 지원자가 사례를 통해서 무엇을 배웠는지를 맞춰보자.

이 글은 나의 상황을 각색하여 쓴 내용이다.

자소서

저는 학창시절에 EUREKA라는 동아리의 부회장을 맡았습니다. 그 동아리는 공과대학 유일의 영어동아리로서 규모와 전통이 있는 동아리였습니다.

동아리에서 매년 하는 행사 중 퀴즈열전이라는 행사가 있

습니다.

그 행사는 연중행사 중에 가장 규모가 있고 우리 동아리를 알릴 수 있는 좋은 기회이기도 합니다. 그 행사를 준비할 때였습니다. 우리는 부회장을 주축으로 기획부터 예산을 점검하고 일정, 장소, 문제, 사용소품 등을 챙기며 열심히 준비하였습니다. 각자 분야를 나누었고 저는 문제를 출제하는 역할을 하게 되었습니다.

진행 중 소품 팀에 갑자기 문제가 생겼고 소품을 준비할 수 없게 되었습니다. 저는 문제출제를 맡았기 때문에 소품 진행상황에 대해서 잘 알지 못했고, 관여하지도 않았습니다. 그러나 소품의 문제는 곧 저희 동아리 전체의 문제라는 생각을 갖게 되었습니다. 가만히 지켜볼 수가 없어 저는 제가 맡은 문제출제를 잠을 줄여가며 빠른 시간 내에 끝낼 수 있었고 저는 소품 팀에 합류해서 일을 처리하기 시작했습니다.

장점을 어필하기 위한 사례

소품 팀에 합류하여 먼저 문제를 파악하고 계획을 짰습니다. 그런 다음 역할분담을 다시하고 제가 관리하여 극적으로 소품을 제시간에 준비할 수 있었습니다.

퀴즈열전을 준비하면서 많은 우여곡절이 있었지만 끝까지 포기하지 않고 노력하면 할 수 있다는 것을 배우게 되었습니다.

지원자가 배운 점을 언제쯤 알 수 있었는가? 이 글을 읽으면서 마지막 줄을 읽을 때에서야 지원자가 배운 점이 '끝까지 포기하지 않고 노력하면 할 수 있다.'라는 것을 알 수 있었다. 직접 글을 쓰면서 내가 배운 점이 무엇인지에 대해서 정확하게 정하고 글을 쓰기 시작한 것이 아니었기 때문이다. 그렇기 때문에 글을 읽으면서도 어떤 것이 문제이며 어떻게 극복했는지에 대해서 구체적으로 나와 있지 않은 것이다. 지원자의 성격의 장점은 도전정신과 끈기라고 추측할 수 있지만 어디에도 강하게 어필하고 있지는 않다. 이래서는 좋은 평가를 받을 수 없다.

지원자가 어필하고 싶은 장점이 '도전정신'과 '끈기'라면 사례는 조금 더 도전적이고 포기하기 쉬운 사례나 포기했었던 사례를 강조해주면 좋다. 예를 들어서 '진행 중 소품 팀에 갑자기 문제가 생겼고 소품을 준비할 수 없게 되었습니다.'보다는 소품을 준비하던 멤버들이 포기할 수밖에 없었던 사례를 제시하든지, 포기를 했다면 정확하게 포기를 했다고 언급해주는 것이 필요하다.

몇 가지 느낀 점과 연계하여 사례를 선택하는 방법을 생각해보자. 예를 들어서 같은 사례라도 나의 장점을 어떻게 잡느냐에 따라서 사례의 내용은 같지만 전개방향은 조금 변화를 줄 수 있다.

'창의적인 인재'로 잡았다면 소품을 구하는 방법에 한계가 있었고 지원자가 소품을 창의적으로 구하는 방법에 집중하여 작성하자.

'창의적인 인재'로 어필하기 위한 사례

① 소품을 구할 수 없게 되자 동아리원은 방향을 잃게 되었습니다. 저는 소품을 구할 수 없다면 직접 만들어보자고 제안했고 알아보니 빌리거나 구매하는 것보다 비슷하게 만들면 저렴하게 제작이 가능하다는 것을 알게 되었고 빠르게 진행해서 해결하였습니다.

② 저는 현재 가용한 소품을 파악한 뒤에 현재 구할 수 있는 소품만 가지고도 진행될 수 있도록 시나리오를 창작하였습니다. 그랬더니 기존보다 더 좋은 시나리오가 되었다며 모두가 동의했습니다.

'도전적인 인재'로 잡았다면 다들 포기했다는 것을 강조하고 지원자의 도전정신과 끈기로 포기하지 않고 소품을 구했다는 사례를 강조하는 것이 좋다.

'도전적인 인재'로 어필하기 위한 사례

제가 소품팀에 왔을 때는 이미 모두가 포기한 상태였고 더 이상 행사를 진행할 수 없다는 의견도 나왔습니다. 주변에서는 도전하려는 저를 말리기도 했습니다. 하지만 저는 졸업하신 선배님들과 교수님께 도움을 요청 드렸고 제가 노력하는 모습에 다른 동료들도 힘을 얻었고 동아리원의 마음을 다시 돌려서 문제를 해결할 수 있게 되었습니다.

'소통하는 인재'로 잡았다면 해결이 되지 않는 문제보다는 소통에 초점을 두어 대화를 하고 멤버를 바꾸는 등의 소통과 수용을 하여 개선하는 방향으로 문제를 부각시키는 것이 필요하다.

'소통하는 인재'로 어필하기 위한 사례

저는 소품팀에 합류해서 가장 먼저 문제를 파악했습니다. 소품에만 치중되어서 서로의 마음을 이해하지 못했던 것이 가장 큰 문제였습니다. 저는 동아리원의 마음을 헤아려 소통했고 다 같이 행사를 준비할 수 있도록 원동력을 불러일으켰습니다. 그렇게 다시 행사준비가 문제 없이 진행되었습니다.

앞의 네 가지 사례는 어떻게 보면 같은 내용이고 동시에 일어날 수 있는 상황이다. 다만 어떤 것을 문제로 강조하는지에 따라서 지원자가 배운 점을 강하게 어필할 수 있게 된다. 그리고 자소서를 읽는 평가관이 쉽게 이해하며 글을 읽을 수 있게 되는 것이다.

이제 조금씩 자소서를 쓰는 방향이 보이는가? 그렇다면 이미 자소서를 쓰는 능력이 좋아진 것이다. '아는 만큼 보인다.'는 말처럼 '아는 만큼 보이고, 아는 만큼 쓸 수 있다.'고 말하고 싶다.

가장 힘들었던 경험과 극복방법, 그것을 통해서 느낀 점과 배운 점에 대해서 서술하시오.

(1) 앞의 질문과 비슷한 질문을 많이 봐왔을 것이다.

질문에서 가장 중요한 포인트가 무엇이라고 생각하는가? 그렇다. 느낀 점과 배운 점이다. 어떠한 경험을 했더라도 거기에서 느낀 점과 배운 점이 없다면 그 경험은 의미가 없다.

'구슬이 서 말이라도 꿰어야 보배.'라는 말처럼 우리가 가진 구슬은 많다. 그러나 그것을 꿰지 않으면 나에게 기억이나 추억으로밖에 남지 않는다. 깨달음이 없고 느낀 점이 없다면 그 경험은 나를 크게 바꿔놓지 못한다. 그러면 회사는 그러한 지원자에게 투자하지 않고 채용하지 않는다.

가끔은 면접에서 느낀 점과 배운 점을 질문하지 않더라도, 중요하기 때문에 꼭 느낀 점과 배운 점을 어필해야 한다. 지원자들이 쉽게 놓치는 사항이 느낀 점과 배운 점에 대한 답변이다. 실제로 많은 경우 나의 사례를 풀어내는 것과 글자 수에 집중하다 보니 가장 큰 평가요소인 느낀 점과 배운 점을 빼먹거나 마지막에 느낀 점을 한 문장으로 마무리하는 경우가 있다. 물론 사례를 쓰는 것은 좋지만 사례에 집중해서 배운 점을 어필하지 못한다면 너무나 큰 것을 포기하는 것이다.

예전의 자소서 질문은

1. 성장배경 2. 성격의 장단점 3. 지원동기 4. 입사 후 포부

이 네 가지가 대부분이었으나 최근에는 질문도 많이 변하고 발전해서 취업준비생들이 구체적이고 조금 더 정확한 답변을

할 수 있는 상황이 되었다. 그 이유는 그동안의 질문들로는 회사에서 정말로 궁금해하는 답변을 듣지 못했고, 그것으로 인해서 지원자들을 정확하게 평가하기 힘들었다는 뜻이기도 하다. 그렇게 중요한 것이 바로 느낀 점과 배운 점이다.

'가장 힘들었던 경험과 극복방법, 그것을 통해서 느낀 점과 배운 점에 대해서 서술하시오.'라는 질문은 곧 '1. 성장배경, 2. 성격의 장단점'을 구체적으로 질문한 것이라고 할 수 있다. 가장 힘들었던 경험에 대한 질문은 취업준비생의 입장과 회사의 숨은 의도로 해석해볼 수 있다. 가장 힘들었던 경험을 쓰라는 말은 취업준비생의 입장에서는 "도전을 해보았나?"라는 질문으로 해석하여 답변할 수 있다. 그러나 단순히 가장 힘들었던 경험이 아닌 자발적으로 도전을 해보았는지에 초점을 맞추면 좋다.

남자들의 경우에는 군대에서 힘들었던 것을 사례로 많이 사용한다. 중요한 것은 극복 의지와 배운 점이지만 가능하다면 자발적으로 도전한 상황이면 더욱 좋다. 어쩔 수 없이 경험했던 것보다는 의도적으로 자발적으로 도전하고 극복한 사례가 나를 어필하기에는 더욱 좋다. 왜냐하면 회사가 봤을 때는 지원자가 같은 경험을 했더라도 자발적으로 도전했을 경우에 더 많은 것을 얻고 배울 수 있다고 생각하기 때문이다.

이번에는 회사의 숨은 의도에 대해서 알아보자. 회사에서는 이러한 질문을 왜 할까? 물론 여러 가지 답변이 있을 수 있겠지만 '회사에 들어오면 가장 힘들었던 경험, 그것보다는 더 힘든 일이 많을 텐데 극복할 수 있겠는가?'라는 의도에서 시작된 질문이다.

학창시절에 취업준비를 하느라 다양한 경험을 해봤겠지만, 회사에 들어오면 그것은 아무것도 아닐 만큼 부담스러운 일이 많고 하기 싫은 일도 해야 한다. 심지어 모르는 일, 처음 해보는 일도 해야 하는데, 힘든 일을 한 번도 안 해본 지원자가 잘 할 수 있을지에 대해 검증을 하기 위한 질문이라고 이해하면 된다.

그래서 취업준비를 한다고 책상 앞에만 앉아있었던 취업준비생들이 최종합격하지 못 하는 가장 큰 이유이다. 회사 일은 책상 앞에서 공부하는 일과 다르다. 그것을 너무도 잘 알기에 해당 질문이 정말 필요한 것이다.

질문의 의도를 알았으니 이번에는 답변하는 방법을 알아보자. 고민하는 지원자의 자소서를 보고 첨삭을 일일이 해주고 싶지만 책을 통해서는 개개인의 자소서를 첨삭해 줄 수 없는 것이 너무 안타깝다. 샘플을 통해서 알아보자.

방법은 성장배경이나 성격의 장단점과 비슷하다. 사례를 정하기 전에 먼저 어떤 사람으로 보이고 싶은지, 또는 면접에서 어떤 콘셉트로 할 것인지, 어떤 부서에 지원할지에 대해서 생각을 해보자.

고객을 대하는 일이면 사람의 중요성, 사교성, 배려심, 공감능력, 긍정적인 마인드, 화술 등을 중요시할 것이다.

일반적인 품질부서라면 품질에 대한 기본적인 지식이 있고, 반복적인 일을 할 수 있어야 하고, 정직성, 정확성이 요구된다.

해당 부서와 업무의 특성을 이해하고 그에 맞는 나의 장점을 어필하면 더 쉽게 나의 장점을 드러낼 수 있고 좋은 평가를 받게 된다.

그러한 부서별 특성을 먼저 파악한 뒤에 그에 맞는 사례를 찾아보자. 먼저 자신이 지원하는 회사와 부서에서 원하는 인재상을 파악하고 키워드로 잡고 그에 맞는 사례를 생각해보도록 한다.

뒤에 나올 예시는 각색해서 만든 자소서이며 주제를 명확하게 하려고 내용을 줄였다. 어떻게 인재상을 잡아야 하는지 생각해보면서 읽어보자.

성격의 장단점

제 성격의 장점은 '책임감'과 '배려' 입니다. 저의 책임감은 태권도를 배우면서 나타났습니다. 배려 있는 성격은 대가족 밑에서 자라나며 생겼는데 언제나 배려를 하라는 아버지의 가르침이 주된 요인이었습니다. 이런 배려는 지금까지 학과활동, 동아리활동, 대외활동을 할 때 배려있는 사람이라는 말을 듣게 해주었습니다. 단점은 '일을 미룬다는 것' 입니다. 저는 어려운 일을 만나면 그 일을 미루고 다른 것을 합니다. 지금은 극복하려고 노력하고 있습니다.

일단은 잘 썼다. 그런데 장점, 단점을 쓰는데 내가 평소에 어떤 사람이고 어떻게 커왔고 어떻다는 평가를 듣는지에 초점을

맞추고 있다.

여기에서 한 가지 팁을 주자면 먼저 나의 성격과 사례를 생각하고 그 뒤에 회사의 인재상 중에 맞는 것을 끼워 맞추기보다는 처음부터 회사의 인재상을 염두에 두고 느낀 점부터 사례까지 연결해서 써야 훨씬 쉽게 글을 쓸 수 있고 면접관에게 전달이 잘 된다. 그리고 내가 어떤 인재상에 관해서 쓸 것인지를 답변의 처음부터 전달이 되어야 한다.

드라마를 보면 항상 예고편을 보여준다. 우리는 예고편을 보면서 어떻게 드라마가 전개될 것인지를 대략 가늠할 수 있고 빨리 다음 편을 보고 싶어진다. 시청자의 예상과 다른 결말이 있다면 어떻게 저렇게 될 것인지를 기대하면서 보기도 한다. 그러면 훨씬 드라마에 대한 이해를 높일 수 있고 친근감이 생긴다. 자소서도 마찬가지로 나에 대해서 처음에 예고편처럼 말을 해주면 면접관은 나의 본론을 듣기 전에 면접관이 예측한 내용과 맞혀보면서 들을 수 있고 이해도를 높일 수 있다.

자소서를 잘 썼는지 쉽게 평가하는 방법

(1) 자신의 자소서를 편다.
(2) 꼼꼼히 읽는다.
(3) 질문에 대한 답변에 빠짐없이 기재하였는지 확인한다.
(4) 질문에 해당하는 직접적인 답변이 어떤 것인지 자소서에서 표시한다.

（5） 자소서의 내용을 읽고 누군지 모르는 상태에서 어
      떤 사람처럼 보이는지를 생각한다.
（6） 그리고 왜 그렇게 판단했는지, 자소서의 어떤 부
      분 때문인지를 생각한다.
（7） 내가 자소서를 쓰면서 어필하고 싶었던 성격, 역량
      과 일치하는지 비교한다.
（8） 다른 사람한테도 똑같은 방법으로 읽고 판단하게 한
      뒤 들어본다.
（9） 앞의 과정을 반복하면서 내가 어필하고자 하는 방
      향으로 다시 작성한다.

단, 이 방법으로 자소서를 평가하려면 먼저 자소서를 작성해
야 한다. 자소서를 작성하는 방법 중에 가장 중요한 것은 질문
에 대해서 정확히 파악하는 것이다.

자소서를 쓰는 것이 어색하고 확신이 없으면 글을 쓰면서 계
속 그동안 써온 내용을 확인하게 된다. 앞으로 나아가야 하는
데 뒤에 머물러 있는 느낌을 많이 받는다. 그러면서 이미 했던
말을 반복하려고 한다. 자소서 샘플을 보면서 어떤 부분이 반복
되고 있는지 찾아보자. 총 3곳의 반복이 있는데 한두 번은 어색
하지 않게 넘어갈 수 있지만 계속된다면 눈에 띄는 부분이다.

저는 어렸을 때부터 다른 사람과 대화하는 것을 굉장히 좋아하
였습니다. 어렸을 때부터 다른 사람과 대화하는 것을 굉장히
좋아했던 저였기에 많은 사람과 대화를 하면서 자라왔습니다.

많은 사람과 대화를 하면서 자라다 보니 사람들과 어울리는데 거리낌이 없고 많은 것을 배울 수 있었습니다.

앞의 사례에서 몇 개나 찾을 수 있었나? 티가 나게 써두었기 때문에 난도가 높지 않았을 것이다. 반복되는 문장만 찾아도 쉽게 알 수 있다. 읽어보면 글은 길지만, 내용을 파악하는데 진도가 안 나간다는 것을 느낄 수 있다. 밑에 정답을 표시해 두었다.

ⓐ 저는 어렸을 때부터 다른 사람과 대화하는 것을 굉장히 좋아하였습니다. ⓐ 어렸을 때부터 다른 사람과 대화하는 것을 굉장히 좋아했던 저였기에 ⓑ 많은 사람과 대화를 하면서 자라왔습니다.
ⓑ 많은 사람과 대화를 하면서 자라다 보니 사람들과 어울리는데 거리낌이 없고 많은 것을 배울 수 있었습니다.

총 2곳이 반복되고 있었다. 반복되는 문장끼리 묶어 두었는데 대명사와 접속사를 적절히 사용해서 같거나 비슷한 문장을 두 번 말하거나 생략해도 되는 말을 하면서 글이 길어지는 것을 막아야 한다. 글을 쓰면서는 알기 어렵지만 다시 소리를 내 읽어보면 보인다.

ⓐ 저는 어렸을 때부터 다른 사람과 대화하는 것을 굉장히 좋아하였고 ⓑ 많은 사람과 대화를 하면서 자라왔습니다.

그래서 사람들과 어울리는데 거리낌이 없고 많은 것을 배울 수 있었습니다.

길었던 문장에서 반복되는 것을 줄이자 내용이 훨씬 매끄럽고 한 문장으로 표현되었다. 그리고 다음 문장에는 '많은 사람과 대화를~' 대신에 '그래서'라는 접속사로 대신 표현하였다. 읽어보고 그래서의 의미를 예상할 수 있으면 잘 수정한 것이다.

이번에는 다른 자소서 샘플을 보면서 어떤 부분이 반복되고 있는지 찾아보자. 총 5곳의 반복이 있는데 한두 번은 어색하지 않게 넘어갈 수 있지만 계속된다면 눈에 띄는 부분이다.

저는 어렸을 때부터 긍정적이었습니다. 저의 이런 긍정적인 성격은 지금까지 여러 곳에 도전할 수 있게 해주었습니다. 도전했던 사례로는 자원봉사활동을 예로 들 수 있습니다. 자원봉사를 하며 많은 경험을 하였고 지금의 역량을 갖추게 되었습니다. 다양한 경험을 통해서 제가 배운 역량은 배려와 성실함입니다.

앞의 사례에서 반복을 몇 개나 찾을 수 있었나? 이번에는 앞의 예시보다 난이도가 어려웠다. 다섯 군데를 모두 찾았다면 훌륭한 결과이다.

저는 어렸을 때부터 ⓐ <u>긍정적</u>이었습니다. ⓐ 저의 이런 <u>긍정</u>

적인 성격은 지금까지 여러 곳에 ⓑ 도전할 수 있게 해주었습니다. ⓑ 도전했던 사례로는 ⓒ 자원봉사활동을 예로 들 수 있습니다. ⓒ 자원봉사를 하며 ⓓ 많은 경험을 하였고 ⓔ 지금의 역량을 갖추게 되었습니다. ⓓ 다양한 경험을 통해서 ⓔ 제가 배운 역량은 배려와 성실함입니다.

이번에는 반복되는 단어만 찾아도 쉽게 알 수 있다. 단순히 단어가 반복되었기 때문에 어색하다는 것이 아니라 계속 반복하지 않고, 분량을 줄일 수 있으므로 비효율적이라는 것이다. 그러면 어떻게 줄일 수 있는지 보자.

저는 어렸을 때부터 ⓐ 긍정적이었기 때문에 지금까지 자원봉사 등 여러 곳에 ⓑ 도전할 수 있었습니다. ⓒ 자원봉사를 하며 ⓓ 많은 경험을 하였고 배려와 성실함이라는 ⓔ 역량을 갖추게 되었습니다.

이렇게 줄이고 나니 훨씬 읽기에도 수월하고 글자 수가 줄어들어서 짧은 시간 동안 많은 내용을 파악할 수 있고 더 많은 어필을 할 수 있게 된다. 줄이고 문장을 바꾸는 방법은 본인의 스타일대로 해보면서 이해가 쉽게 잘되도록 하면 된다. 너무 많이 삭제할 경우에는 의미전달이 안 되거나 문장 연결이 어색해질 수 있으니 반복되는 2개 중 1개는 남겨둬야 한다.

실제 본인의 약점과 편견에 의해 평가되는 약점을 구분하자. 자소서, 이력서를 통해서 본인을 어필할 수 있다. 자신의 장점을 부각시키고 자신의 약점을 보완해야 한다. 종종 자소서에 성격의 장단점을 쓰기도 하고 자신의 약점을 면접에서 어떻게 대답해야 할지 고민하는 경우도 있다.

장점을 부각하고 약점을 보완하는 방법에 대해서 알아보자.

먼저 장점은

(1) 본인이 생각하는 장점을 적어보자.

(2) 본인의 장점을 말로 설명해보고 어떤 장점을 이야기할 때 편한지 알아보자.

(3) 본인의 장점을 나타낼 수 있는, 장점을 발견할 수 있었던 사례를 찾아보자.

(4) 내가 가고 싶은 기업 및 직무의 인재상을 찾아보자.

(5) 다른 사람이 나를 평가했던 장점을 적어보자.

(6) 기업과 직무의 인재상 중 나를 표현하기에 가장 적합하고, 말하기 편하며, 사례가 떠오르는 것 1~2개를 찾아라.

(7) 그것을 바탕으로 자소서를 작성하자.

지금부터 나의 예시를 보면서 같이 따라 해보자.

(1) 나의 장점은 긍정적이고 도전적이고 사교적이고 4개 국어를 간단하게 할 수 있다.

(2) 나는 어렸을 때부터 긍정적인 성격을 타고났다. 지금도

항상 긍정적인 것만 보고, 긍정적인 것만 듣고, 긍정적인 것만 생각하려고 한다. 그렇다 보니 실패를 두려워하지 않고 무언가에 꾸준히 도전해왔다. 봉사활동, 아르바이트, 해외여행을 많이 했었고, 그러면서 다양한 사람들을 만났는데 나이에 상관없이 잘 어울릴 수 있었다. 특히 여행을 많이 다니면서 4개 국어로 간단한 대화 정도는 할 수 있게 되었다.

(3) 긍정적인 사례는 어릴 때 항상 웃고 다녀서 별명이 미소천사였다. 그리고 공포영화나 무서운 이야기는 아예 듣지도, 보지도 않았다. 컴퓨터 게임을 할 때도 친구들은 모두 포기했지만 나는 끝까지 이길 수 있다며 친구들을 설득했다.

도전적인 사례는 해외여행을 했던 부분과 일본에 무전여행을 다녀온 것이 있다. 사교적인 사례는 현재 나와 어울리고 있는 분들이 대부분 나보다 어른들인데 귀여움을 받으며 잘 어울리고 있다.

4개 국어는 영어, 일본어, 중국어, 한국어인데 기본적인 여행은 가능하고 예전에는 잘했지만 지금은 안 한 지 좀 되어서 많이 잊어버렸다. 당장 해보라고 하면 하기 힘들다.

(4) 내가 하고 싶은 직무는 취업 강사다. 기업에서 원하는 인재상은 처음 만나는 학생들과도 잘 어울리고 학생들을 리드해야 하며, 취업상담을 할 때는 학생의 속마음까지 공감할 수 있어야 하므로 인재상은 리더십 있고 사교적

인 강사를 원한다. 다양한 취업사례가 있고 실제 취업에 성공한 경험이 있는 강사나 학생과의 트러블이 없고 올바른 강사를 원한다.

(5) 다른 사람이 나를 평가했던 것은 긍정적이라는 것이고 이미 어필이 되고 있기 때문에 자소서에서는 굳이 강조하지 않았다.

(6) 인재상에 가장 가깝고 말하기 편한 것은 사교적인 것, 리더십, 취업에 성공한 것이다. 사교적인 사례는 해외여행으로 하고 리더십의 사례는 장교생활을 하면서 리드했던 사례, 실제 취업에 성공한 사례는 삼성에 들어갔던 사례를 어필하면 된다.

(7) 이제 3가지를 찾았으므로 이것에 근거해서 자소서의 질문을 보고 적절하게 배치하면 된다.

다음으로 약점은

(1) 본인이 생각하는 성격적인 약점, 이력서상의 약점을 적어보자.

(2) 다른 사람이 나를 평가했던 약점을 적어보자. 그 이유도 적어보자.

(3) 다른 사람이 나를 평가했던 약점 중에 직무상 치명적인 것을 골라라. 직무마다 치명적인 약점은 다르다.

(4) 나의 특성 및 외모를 적고 어떤 약점을 가졌을 것 같은지

판단해봐라. 이것은 일종의 편견일 수 있다.

(5) (1)번부터 (4)번까지 종합하고 그중에 면접 때 일시적으로 개선할 수 있거나 드러나지 않을 것은 지워라.

(6) 최종적인 약점을 찾았으면 그것을 극복하고, 덮을 수 있는 스펙이나 태도를 만들어라. 이미 생각나는 사례가 있다면 1~2개를 찾아라.

(7) 그것을 바탕으로 자소서를 작성하자.

면접관이 나를 판단하는 약점을 정확하게 파악하고 극복해야 한다. 나의 예시를 통해서 이해해보자. 일부 편견들이 표현되어있으나 예시일 뿐 사실과 다를 수 있다.

(1) 나의 약점은 게으르고 반복을 싫어하며 정리정돈을 잘하지 못하고 기계를 좋아하지 않는다.

(2) 다른 사람들은 내가 차가워 보인다, 어려 보인다, 여성스럽다, 세상 물정을 모른다고 평가한다.

(3) 현재 취업 강사로서는 어리고, 어려 보이기 때문에 경험이 많지 않다고 생각한다.

(4) 장교 출신이기 때문에 권위적이라고 생각하기도 한다. 목소리가 가늘어서 정신력이 약할 것이다. 또 잘 웃지 않아서 사교적이지 않다고 생각한다.

(5) 종합해보면 게으르고, 반복을 싫어하고, 정리를 못 하고, 기계를 좋아하지 않고, 경험이 없을 것 같고, 권위적일 것

같고, 정신력이 약할 것 같고, 사교적이지 않을 것 같다고
판단한다.

① 게으른 것 - 일찍 면접장에 가면 특별히 드러나지 않는다.

② 반복을 싫어하는 것 - 드러나지 않으므로 꾸준히 할 수
있는 일을 정해서 실천하는 것이 좋다.

③ 어려 보이는 것 - 얼굴은 크게 바뀌지 않으므로 약점으로
보인다.

④ 권위적으로 보이는 것 - 장교 출신인 과거를 바꿀 수 없
으므로 약점으로 보인다.

⑤ 정신력이 약해 보이는 것 - 목소리는 단기간에 바꾸기 힘
들기에 약점으로 보인다.

⑥ 웃지 않아서 사교적이지 않아 보이는 것 - 면접 동안에는
웃음을 유지할 수 있으므로 극복할 수 있다.

(6) 이 중에 면접 때 개선할 수 있는 것을 지우면 어려 보여
서 경험이 없을 것 같고, 권위적일 것 같고, 정신력이 약
할 것으로 평가될 것이다. 정리를 해보면 내가 약점이라
고 생각했던 것과 내가 극복해야 할 약점이 매우 다르다
는 것을 알 수 있다.

이를 개선하는 방법은 크게 두 가지가 있다. 하나는 이력서
와 자소서의 사례로 보여주는 방법과 다른 하나는 면접장에서
태도로 보여주는 방법이 있다.

우리는 사람을 보고 평가를 하거나 편견을 가진다. 예를 하

나 들자면 다음과 같다.

> 처음 보는 사람 A가 있었다. 그런데 그 사람이 자신을 대기업 사장이라고 소개를 했다. 나는 그 사람이 부자일 것이라고 평가했다.
> 다른 처음 보는 사람 B가 있었다. 그 사람은 자신의 소개를 하지 않았지만 비싼 차를 타고 왔고 운전기사가 있었으며 비싼 시계와 구두를 신고 있었다. 나는 그냥 그 사람이 부자라고 생각이 들었다.

앞의 예시처럼 두 가지 중 하나를 하면 된다. 나의 경우로 돌아와서 어려 보이는 얼굴을 바꿀 수는 없으니 내가 그동안 해왔던 해외여행, 아르바이트, 봉사활동 등의 경험들을 자소서에 어필했다. 권위적이라는 편견은 자소서에서 극복할 수 있는 사례를 찾기가 힘들었고 대신 면접에서 웃음을 유지하는 방향으로 정했다. 세 번째로 정신력이 약할 것이라는 편견을 극복하기 위해서 자소서에 군 생활을 하면서 가장 힘들었던 사례를 이야기했고 정신력이 강하다는 어필을 할 수 있었다.

(7) 이제 이것을 바탕으로 자소서를 작성해보자.

자소서를 쓰다 보면 한 번씩 억울할 때가 있다. 내가 쓴 자소서만 가지고 나를 평가하고, 불합격시키는 것은 받아들이기 힘들다.

A4용지 한두 장으로 나를 전부 표현할 수도 없고 정확하게 평가를 하기도 힘들다. 그런데 분명한 것은 면접관은 지원자가

드러내는 것, 가진 것만을 보고 평가할 수밖에 없고 추측을 하고, 일반적인 통계와 과거의 경험과 편견으로 평가할 수밖에 없다. 그래서 지원자는 자소서, 이력서와 면접에서 이미지 메이킹을 해야 한다.

편견이 억울하지만 이것을 역이용할 수 있어야 한다. 편견은 약점뿐만 아니라 장점에도 똑같이 적용시킬 수 있다. 이것을 위해서 이미지 메이킹을 할 필요가 있다. 앞에서 예를 들었던 것처럼 우리의 복장은 우리의 이미지를 만들어줄 수 있다.

내가 강의할 때 2장의 그림을 띄워둔다. 하나는 빨간색 국물이 있는 음식이고, 다른 하나는 흰색 국물이 있는 음식이다. 첫 번째 사진을 가리키며 어떤 맛일 것 같은지 물어보면 매울 것 같다고 하고, 두 번째 사진의 음식은 어떤 맛일 것 같은지 물어보면 시원한 국물일 것 같다고 답한다.

우리는 실제와 상관없이 먹어보기 전에 빨간색은 매운맛이라고 추측해버린다. 지금까지 그래왔기 때문에 그런 편견을 갖게 되었다. 음식을 매워 보이게 하기 위해서는 국물을 빨갛게 만들어야 한다. 반면에 맵지 않게 보이기 위해서는 국물을 빨갛게 만들면 안 된다.

우리가 지금부터 해야 할 일은 사람들이 나를 보는 편견이 무엇인지를 파악하고 그것을 극복할 수 있는 색을 내는 것이다. 실제로 능력을 갖추는 것도 필요하지만 자소서, 이력서를 통해서는 능력이 있어 보이도록 작성하는 과정이 필요하다.

15. 자소서를 작성할 때 많이 하는 실수들 Top 17

(1) 자소서를 쓰는데 너무 많은 시간이 걸리는 실수

(2) 처음 써 본 자소서를 회사명과 내용만 조금 바꾸어서 여러 번 제출하는 실수

(3) 면접에서 은어, 신조어, 인터넷 용어, 줄임말 등을 쓰는 실수

(4) 회사의 좋은 점 또는 부서의 장점만 보고 선택한 것처럼 작성하는 실수

(5) 실전경험 없이 이력서의 한 줄을 강조하는 실수

(6) 자소서를 혼자서만 쓰려고 하는 실수

(7) 비슷한 조사나 단어의 반복하는 실수

(8) 학연(학교명, 특정 학과명), 지연, 혈연, 이름, 소속 등의 역량 외의 자신이라는 것을 나타낼 수 있을 만한 내용을 넣는 실수

(9) 많은 전문용어를 쓰거나 지식이나 수강한 과목을 자랑하는 실수

(10) 면접에서 대답하기 곤란하거나 피하고 싶은 주제를 자소서에 작성하는 실수

(11) 불필요한 내용을 써서 칸을 채우는 실수

(12) 이미 써둔 내용이 이상하다고 지우는 실수

(13) 최소한의 노력으로 최대한의 효과를 거두려고 하는 실수

(14) 자소서를 작성하면서 나의 열정을 숨기거나 평범해 보이려고 하는 실수

(15) 역량과 열정 없이 글 실력으로 합격하려고 하는

실수

(16) 자소서의 성장과정에 초등학교, 중학교 시절의 이야기를 쓰는 실수

(17) 사례를 너무 장황하게 작성하는 실수

자소서에서 쉽게 하는 실수를 하나씩 살펴보자.

(1) 자소서를 쓰는데 너무 많은 시간이 걸리는 실수

자소서는 써본 횟수가 중요하다. 꾸준히 한다는 게 얼마나 좋은지는 익히 들어서 알 것이다. 그만큼 한 번에 완성하기보다는 조금씩이라도 꾸준하게 해야 한다. 한 가지 예를 들어볼 테니 선택해보자.

다트 던지기를 하는데 기회는 무제한이고 시간은 1분간만 할 수 있다. 과녁은 맞히기만 해도 8점, 더 안쪽은 9점, 가운데를 맞추면 10점을 얻는다. 무제한으로 다트를 던져서 점수의 합이 커지도록 하려면

① 느리더라도 10점을 맞출 수 있도록 최대한 신중하게 던질 것인가?

② 10점 대신 8점을 맞추더라도 빨리 던져서 여러 개를 맞춰 점수의 합을 높일 것인가?

여러분이라면 직관적으로 어떤 선택을 하겠는가?

대다수 사람은 8점에 맞추는 것이 어렵지 않다면 무제한인 다트를 많이 사용해서 시간 내에 최대한 많은 다트를 던지려고

할 것이다.

눈치 챘겠지만 다트는 여러분이 쓰고 있는 자소서이다. 그렇다면 과녁에 적힌 점수는 무엇일까? 자소서를 한번 작성할 때에 늘어나는 작성 능력이다. 주어진 1분은 자소서의 마감기한이며 점수의 합산은 마감 기간 전까지 끌어올릴 수 있는 자소서의 점수이다.

우리는 지금까지 자소서를 쓸 수 있는 무한대의 기회가 있었는데 다트를 최대한 아끼며 10점에만 맞추기 위해서 많은 시간을 들였다. 그러나 전혀 그럴 필요가 없었다. 시간은 한정되지만 자소서를 쓸 수 있는 횟수는 무한대이다.

앞으로는 시간을 많이 들여서 한 번에 10점을 맞추려고 하지 말고 그 시간에 8점짜리를 2~3번 맞춰야 한다. 빨리 많이 던져봐야 감이 생기는 것이지, 한번 던지고 계속 노려보기만 하면 감을 잡을 수가 없다.

(2) 처음 써 본 자소서를 회사명과 내용만 조금 바꾸어서 여러 번 제출하는 실수

한번 써둔 자소서를 또 쓰려면 시간이 많이 걸리기 때문에 자소서를 쓰지 않고 회사명과 몇 문장만 바꾸어서 제출한다. 생각해보자. 그렇게 쓴 자소서가 제대로 쓴 자소서를 이길 수 있을 거라고 생각하는가?

내가 원하는 기업에 맞춰서 기업에서 하는 질문대로 작성한 자소서와 이미 써둔 자소서와는 다른 질문에 내가 전에 써둔

기업의 자소서를 붙여넣기를 해서 편집을 한 자소서를 비교한다면 어떤 자소서를 더 잘 썼을 것 같은가? 말할 것도 없이 해당 기업과 질문에 맞게 작성한 자소서이다.

그러면 남과의 경쟁에서도 절대 이길 수가 없다. 남들은 제대로 쓰는데 나는 이미 쓰여 있는 것에서 문장만 조금 바꾸어 완성시키면 읽었을 때 의문이 생기는 사항이 많을 것이다. 다음의 예를 살펴보자.

6자리의 숫자를 고르고 복권을 샀다. 그런데 그 숫자는 당첨이 될 숫자가 아니다. 그리고 그날 다른 복권점에 가서 같은 번호로 복권을 산다. 그리고는 바로 다른 복권점에 가서 또 같은 번호로 복권을 산다. 복권이 당첨될 수 있을까? 절대 그럴 일이 없다. 같은 번호로 샀는데 하나가 떨어지면 그것과 같은 번호로 샀던 복권은 모두 다 꽝이다. 그렇다면 처음에 산 6자리가 당첨 숫자였다면 어떨까? 그날 다른 복권점에서 같은 번호로 복권을 구매한다면 당첨이 될 것이다. 어디에서 사든 같은 번호로만 구매하면 당첨될 수 있다.

복권은 자소서이고 내가 고른 번호는 자소서의 내용이다. 복권점들은 지원한 기업들이다. 어차피 한번 잘못 작성한 자소서를 아무리 여기저기 들이 밀어봤자 결과는 같다. 그러나 6자리를 고르더라도 계속 다른 번호를 골랐다면 당첨될 확률은 구매한 복권의 수와 비례해서 늘어난다.

단, 이미 자소서를 작성하는 능력이 뛰어나서 합격할 실력이 되었다면 내용을 조금 수정해서 제출해도 합격할 수 있겠지만 그렇지 못한 지원자들은 아무리 복사해서 붙여넣기를 해봐도 합격할 수가 없다. 실력은 아직 초보자인데 하는 행동만 이미 완성된 사람처럼 하면 초보자를 벗어날 수가 없다.

(3) 면접에서 은어, 신조어, 인터넷 용어, 줄임말 등을 쓰는 실수

이력서에서 자주 작성하는 것이 아르바이트 경험인데 아르바이트를 '알바'라고 줄여서 말하지 말자. 면접관들이 못 알아듣게 되면 보통의 면접관은 모르는 단어에 대해서 질문하지 않는다. 그냥 지원자가 말한 내용만 가지고 판단하고 내용전달이 잘되지 않으면 그것은 지원자의 전달 능력에 대한 평가로 이어진다.

면접관이 용어들을 알아들었을지라도 면접에서 신조어나, 인터넷 용어, 은어 등을 사용하는 것은 좋은 평가를 받지 못한다.

(4) 회사의 좋은 점 또는 부서의 장점만 보고 선택한 것처럼 작성하는 실수

지원자가 회사의 단점을 모르고 장점만 보고 선택한 것이 회사의 근속연수가 낮은 이유가 되고 있으므로 장점만 보고 선택했다는 느낌을 주면 오히려 지원자의 동기가 의심받게 된다.

(5) 실전경험 없이 이력서의 한 줄을 강조하는 실수

이력서의 한 줄을 강조하는 사례는 면접에서 표적이 되기 쉽다. 대표적으로 자격증, 성적, 수상경력 등이 있는데 준비 기간, 팀활동 등을 질문받거나, 실전경험이 없다면 목적을 의심받을 수 있다. 사례 없이 이력서의 내용만을 강조한다면 실전 경험에 대해서 검증을 받게 된다.

(6) 자소서를 혼자서만 쓰려고 하는 실수

자소서는 남의 도움을 받아도 된다. 미스코리아가 되기 위해서는 피부 관리를 받고 열심히 운동하고 헤어와 메이크업도 관리받는다. 그 모든 것을 나 혼자 할 필요는 없다. 그러나 자소서에 거짓이 있거나 남의 이야기를 그대로 가져와서 쓰는 것은 안 된다.

내가 기본적으로 작성하고 그것을 잘 표현하기 위해서 주변의 도움을 받는 것은 필요한 투자이다. 회사에 들어가면 앞으로 그런 일을 많이 하게 될 것이다. 수단과 방법을 가리지 않고 목표를 달성해야 할 일이 있을 것이다.

이때, 내 능력만으로 해결해야겠다고 생각한다면 힘들 것이다. 선배들이 이미 일을 해봤기 때문에 조금만 주변에 물어보면 쉽게 일을 처리할 수 있다는 말이다. 또는 일을 하면서 만들어 두었던 자료가 있거나 일하는 방법에 대한 자료들이 있을 것이니 찾아서 해보라는 뜻이다.

신입사원이 회사에 들어가면 알고 있는 일이 거의 없다. 그럴 때는 과거에 선배들이 어떻게 일을 처리해왔는지 빠르게 파악해서 일을 처리하면 잘한다고 인정을 받게 된다. 종종 입사 후 포부에 선배들에게 업무를 배워서 적응하겠다는 말을 많이 한다. 실제로 들어갔을 때도 그렇게 해야 한다.

이와 마찬가지로 회사에서는 내 능력만으로 작성하라고 하지 않는다. 잘 쓴 합격 자소서를 참고해도 되고, 친구들이나 합격한 선배들, 전문 컨설턴트한테 첨삭도 받아도 괜찮다. 그다음 면접이라는 채용절차가 있기 때문이다. 자소서를 작성하는 과정뿐만 아니라 그것을 준비하는 과정에서부터 주변의 도움을 받아야 한다.

(7) 비슷한 조사나 단어를 반복하는 실수

동영상을 모니터링해보면 특정한 단어나 추임새를 계속해서 하는 경우가 있다. 그것을 최대한 줄이며 여러 번 연습해보자. 그런 단어들은 대체로 당황스럽거나 민망함 때문에 나타나게 되는데 많은 연습을 통해서 당황하지 않거나, 또는 당황이 될 때도 잘 대처하는 연습을 해보자.

(8) 학연(학교명, 특정 학과명), 지연, 혈연, 이름, 소속 등의
   자신을 나타낼 수 있을 만한 내용을 넣는 실수

기본적으로 학연, 지연, 혈연을 이용해서 취업할 때 혜택을 보는 것은 공정성에 어긋난다. 그것은 개인의 능력이나 노력과는 무관하므로 기본적으로 평가대상이 되지 않는다. 따라서 문

제가 되거나 여지가 있는 것은 애초에 작성하지 않는 것이 좋다. 작성하고 나서 나중에 후회를 해봤자 어쩔 수 없다.

(9) 많은 전문용어를 쓰거나 지식이나 수강한 과목을 자랑하는 실수

자소서는 논문이 아니고 지식을 뽐내는 곳도 아니다. 자소서에 전문용어를 많이 쓰지 말아라. 자소서를 읽다가 모르는 단어가 나오면 내용 이해가 쉽지 않다.

(10) 면접에서 대답하기 곤란하거나 피하고 싶은 주제를 자소서에 작성하는 실수

한번 작성하면 면접에서 바꿀 수가 없다. 대답하기 수월한 주제를 골라서 작성하자. 인터넷이나 동영상을 찾아보면 면접을 하는 동영상들이 많다. 그것을 많이 보면서 어떻게 답변을 해야 할지 생각해보자. 많이 보고 생각하면 좋다. 증명 가능한 것 위주로 작성하고, 지식보다는 역량에 중점을 둬라.

(11) 불필요한 내용을 써서 칸을 채우는 실수

불필요한 내용을 써서 칸을 채우게 되면 오히려 읽고 내용을 파악하는 데 방해가 되며 저평가된다. 더 많은 내용을 작성한 뒤 불필요한 내용을 지워가라. 정말 못 채울 것 같으면 차라리 비워둬라.

(12) 이미 써둔 내용이 이상하다고 지우는 실수

한번 썼으면 잘 쓰지 못했더라도 지우지 말자. 써놓고 지우는 것은 모래성을 쌓아놓고 별로 높지 않다고 무너뜨리는 것과 같다. 잘 썼든 못썼든 계속 써야 늘지, 모래성을 쌓고 무너뜨리고 쌓고 무너뜨리면 절대 높아지지 않는다. 잘못 쌓아 올린 모래성이라도 내가 쌓은 것이고 분명히 다 도움이 된다.

(13) 최소한의 노력으로 최대한의 효과를 거두려고 하는 실수

연습을 안 하고 실력이 늘어난다면 효율적인 것이 맞지만, 연습 없이 서류통과를 했다는 것은 효율적이라고 할 수 없다. 취업은 상대평가이다. 효율성도 합격했을 때 따질 수 있다. 글을 작성하는 능력은 사회생활에 크게 도움이 되므로 지금부터 연습을 시작하자.

(14) 자소서를 작성하면서 나의 열정을 숨기거나 평범해 보이려고 하는 실수

서류전형에서 작성하게 되는 자소서는 일반적으로 사람을 만났을 때 하는 자기소개와 전혀 다르다. 특히 우리나라에서는 나를 낮추고 상대방을 높이는 것을 미덕으로 생각하고, 내가 잘하는 것이 있어도 먼저 드러내지 않거나 간접적으로 나를 드러내는 것을 겸손하다고 여긴다.

그러나 취업을 하기 위한 자소서를 작성하고 면접을 볼 때에는 전혀 그럴 필요가 없다. 절대 그래서는 안 된다. 이것은 마

치 시험을 볼 때에 답을 알지만 잘난 척하는 것 같아서 답을 쓰지 않았다는 생각과도 같다. 이게 우리의 취업을 얼마나 힘들게 만드는지 알아야 한다. 무언가를 잘한다고 면접 자리에서 말할 수 있는가? 혹시 말하기 고민되거나 말하고 나서 얼굴이 빨개지지는 않는가? 그렇다면 이러한 관념을 고쳐야 한다.

기업에서는 내가 하는 말을 듣고 나를 판단한다. 물론 이력서에 쓰여 있는 경력들, 자격증들은 내가 말로 하지 않아도 읽어보면 알 수 있지만, 기업에서 원하는 것은 그게 아니다. 기업에서 광고를 통해 홍보하기 위해서 많은 돈과 시간을 들이는 것에는 그만한 이유가 있다. 자동차로 예를 들어보면, 자동차의 상세 스펙을 보게 되면 출력, 성능, 연비, 장점 그리고 평가 등 자동차를 나타낼 수많은 정보를 볼 수 있다.

이미 기재가 되어있는데 왜 굳이 자동차의 성능을 홍보하려고 하는 것일까? 홍보한다고 자동차의 성능이 변하는 것도 아니지만 홍보를 하는 것과 하지 않는 것은 고객이 선택할 때 큰 차이가 있으므로 투자를 하는 것이다. 지원자도 마찬가지이다. 분명히 이력서에 쓰여 있지만 능력을 갖추었고 경험이 많다고 어필을 해줘야 한다. 그렇지 않으면 면접관의 마음을 얻기가 힘들다. 그냥 수동적으로 '알아서 알아주겠지.'라고 생각하고 있으면 그런 수동적이고 소극적인 모습이 면접관에게 어필될 것이다.

우리가 기업에 들어가서 할 일이 기본적으로 기업의 제품을 널리 알리고 어필하는 것인데 그것을 하지 못한다면 채용을 할

만한 이유가 없어지는 것이라고도 볼 수 있다. 영업이나 마케팅 직무뿐만 아니라 회의를 하거나 프레젠테이션을 할 때도 자신의 의견을 이야기하고 설득하는 것은 정말 중요하고 회의를 진행할 수 있는 기본적인 능력이다. 그렇기 때문에 이 글을 읽고 나서는 절대로 자소서와 면접에서 나를 낮추거나 내가 가진 능력을 감추고 평범해지려고 하지 말자. 너무 잘난 척을 하거나 면접관이나 주변 지원자를 무시하는 행동을 해서는 안 되겠지만 자신의 장점에 대해서 당당하게 어필할 수 있어야 한다.

(15) 역량과 열정 없이 글 실력으로 합격하려고 하는 실수

아무리 글을 잘 써도 드러나는 역량과 열정이 없다면 면접관은 감동을 느끼지 못한다. 글을 못 쓰면 내가 말하고자 하는 내용을 정확히 전달하지 못하기 때문에 자기소개를 글로 하는 한계가 있다. 그러나 반대로 글을 잘 쓴다고 해서 자소서를 잘 쓸 수 있는 것은 아니다. 즉 자소서를 잘 쓸 수 있는 필요조건이지만 충분조건은 아니다. 그렇기 때문에 미사여구와 기교를 사용하는 대신 진심을 전하려고 노력하자.

면접관을 감동하게 하려면 글을 잘 쓰기 위해서 많은 연습을 하는 것도 중요하다. 그리고 글을 잘 쓰기 위해서 연습을 했다는 것은 면접관에게 감동을 주기에 충분하다. 글을 잘 쓰는 것이 중요한 게 아니고 자소서를 잘 쓰기 위해서 여러 번 글을 써 보았다는 그 열정과 절실함이 면접관을 감동시킨다.

(16) 자소서의 성장과정에 초등학교, 중학교 시절의 이야기를 쓰는 실수

대학교 이후의 사례로 작성할 수 있으면 대학교 때의 사례를 작성하자. 성장과정이라는 용어 때문에 초등학교 3학년 때의 이야기를 작성하거나 부모님의 열정과 장점 위주로 자소서에 어필해서는 안 된다.

초등학교 때의 기억은 왜곡되거나 흐려졌을 수도 있으며, 부모님께 들었던 나의 이야기에 의존해서 작성하는 것 또한 안 된다. 내가 실제로 봤던 자소서 중에는 지원자가 어렸을 때에 부모님께서 힘든 시절을 겪으셨고 열정과 도전정신을 발휘해서 안 좋은 상황을 극복하셨고 결국에는 다시 성공하는 스토리를 본론에 작성하였고 결론에 '그 사건을 통해서 도전정신과 긍정적인 마인드를 배울 수 있었습니다.'라고 작성한 것을 보았다. 그런데 성장과정은 단순히 환경을 작성하는 것이 아니며 부모님의 역량을 어필하는 것으로 지원자를 뽑을 이유가 되지 않는다.

어린 시절의 이야기를 굳이 쓰겠다면 이러한 방향으로 써보자. 어렸을 때부터 이쪽 직종에 대한 꿈을 꾸게 되었고 지금까지도 그 꿈이 이어져서 지원하게 되었다는 내용은 좋다. 하지만 전공이나 내가 해왔던 경험들이 직무와 관련된 전공과 경험을 잘 쌓았을 때만 할 수 있는 말이다. 오히려 전공과 다른 직무에 지원해야 한다면 어렸을 때의 이야기는 빼고 대학생 이후의 이야기를 해보자.

어렸을 때의 이야기나 어렸을 때 내가 겪었던 환경과 상황에 쓰는 것이 의미 없다고 말하고 싶은 이유가 2가지 있다.

첫째, 어렸을 때 내가 겪었던 상황이나 환경은 부모님의 의지대로 따라가서 만들어졌을 가능성이 높다.

많은 자소서에서 '1남 1녀 중 장녀로……'처럼 시작하는 경우가 많다. 또는 '엄하신 아버지와 온화하신 어머니의 장남으로……' 이렇게 시작하는 케이스도 있다. 그러나 그것은 나를 말해줄 수 있는 직접적인 사례가 되지 않는다. 무슨 뜻이냐면 1남 1녀 중 장녀로 태어났다는 것이 나의 선택이나 자발적인 노력으로 이루어진 것이 아니다. 또한 같은 가정환경에서 자란 자매도 성격이 전혀 다를 수 있다. 그래서 환경이 아닌 나의 경험 중심으로 작성해야 한다.

또 너무 어렸을 때의 성장과정은 현재의 나에게 영향을 주지 않을 수 있다. 나도 어렸을 때는 매우 내성적이었으나 살아오면서 외향적으로 바뀌게 되었다. 기업에서는 현재의 나를 만들어준 경험과 과정이 궁금한 것이다.

(17) 사례를 너무 장황하게 작성하는 실수

사례 자체만으로는 나의 실력이나 역량을 나타낼 수 없다. 사례는 느낀 점과 역량을 설명하기 위한 서론일 뿐이다. 나의 역량이나 극복방법을 고려하지 않고 사례부터 쓰다 보면 하게 되는 실수가 있다. 사례에 대한 설명이 장황해진다. 또 상황을 전부 설명하려고 해서 정작 질문에 대한 답변을 제대로 못하는 경우도 발생한다.

저는 대학교 3학년 때 학교 행사를 진행했던 경험이 있습니다. 이 행사는 1년에 한 번 열리는 행사이고 교수님들과 외부에서 초청된 사람들까지 모두 오는 큰 행사입니다. 행사를 준비하는 사람들은 3개월 전부터 구성되어 사회, 행사보조, 섭외, 물품담당, 공연팀, 홍보팀 등 나누어 공연을 준비했습니다. 그런데 행사 일주일 전에 갑자기 사건이 발생했습니다. **행사 당일에 비가 온다는 것입니다. 저희는 행사날짜를 바꿀 수도 없고 기간이 얼마 안 남았기에 축제를 취소할 수도 없었습니다. 그렇게 갈 길을 잃었는데 제가 천막을 빌리자고 아이디어를 냈고 천막을 구해서 축제를 잘 마무리 할 수 있었습니다. 이때 배웠던 것을 바탕으로 기업에 들어가서 최선을 다하겠습니다.**

앞의 예시에서 '저는~발생했습니다'까지 사례는 길지만 극복방안과 느낀 점을 설명하기 위한 것이 아니고 얼마나 큰 행사인지를 설명하기 위해서 많은 분량을 차지했다. 실질적으로 필요한 부분은 '축제를 준비했는데 일주일 전에 비가 온다는 것을 알게 되면서 문제가 생긴 사례'이다. 내가 얼마나 중요한 역할을 했고, 큰 축제인지는 크게 중요하지 않다. 문제가 생긴 후부터의 사례가 더 중요하다. 또 갈등을 정확하게 묘사를 해주어야 하고 문제와 갈등이 있을 때의 감정변화, 극복방안 등을 써 줘야 한다.

더 크고 훌륭한 경험을 해야 좋은 점수를 받는 것이 아니다. 경험을 통해서 무엇을 배웠고 얻었는지가 중요하고 그것을 '역량'이라고 한다.

16. 자소서 잘 쓰는 노하우 Top 17

자소서를 쓰기 전에 면접의 기출문제들에 대해서 답변해보자. 준비가 되었기 때문에 작성할 때 자신감이 다르다. 그리고 자소서를 쓰기 위해서 다음의 방법을 따라 해보자.

(1) 자소서를 쓰기 전에 말로 먼저 해본다.
(2) 잘 쓰든 못 쓰든 여러 번 써본다.
(3) 초안을 작성할 때에 너무 내용에 신경을 쓰지 말고 어느 정도 칸을 채운다는 생각을 갖고 작성한다.
(4) 시간제한을 무한대로 두고 쓰지 말자.
(5) 자소서를 쓰면서 내용을 생각하지 말고, 결론을 내고 나서 쓰자.
(6) 면접에서 당장 보여줄 수 있는 것들을 자소서에 어필해라.
(7) 면접관이 감동할 수 있도록 자소서를 쓰자.
(8) 사례보다는 내가 느낀 점, 배운 점에 초점을 두자.
(9) 지원회사와 부서의 단점에 대해서 충분히 알아야 한다.
(10) 지원동기와 부서의 현실과 맞는지 확인해보자.

（11）전문용어와 신조어를 최소화해라.

（12）자소서를 작성하였다면 소리 내어 읽어보자.

（13）자소서를 쓰면서 이미 써둔 내용에 신경 쓰지 말
고 앞으로 쓸 내용만 생각하자.

（14）자소서를 쓰는 데 필요한 경험들을 틈틈이 하자.

（15）한 번 쓸 때 끊지 말고 오래 써보자.

（16）다른 지원자들의 자소서를 많이 읽어보고 면접관
의 입장에서 평가해보자.

（17）무조건 한 페이지부터 작성하고 시작하자.

잘 쓰는 노하우 **Top 17**에 대해서 하나씩 알아보자.

(1) 자소서를 쓰기 전에 말로 먼저 해본다.

이렇게 하는 이유는 크게 네 가지가 있다.

① 쓰는 것보다 말이 훨씬 익숙하다.

② 쓰는 것보다 말이 더 빠르다.

③ 쓰는 것보다 말이 덜 귀찮다.

④ 쓰는 것보다 말이 더 많은 감각을 사용한다.

말하는 것은 쓰는 것보다 익숙하고 빠르고 덜 귀찮다. 그렇
기 때문에 더 잘할 수 있고 쉽게 할 수 있다. 이유를 자세하게
알아보자.

① 쓰는 것보다 말이 훨씬 익숙하다.

우리는 익숙한 것을 더 잘할 수 있다. 자소서를 쓸 때에 우

리는 어려운 두 가지를 동시에 하게 된다. 하나는 글을 쓰는 것이고, 다른 하나는 내용을 생각하는 것이다.

둘 다 우리에게 익숙하지 않고 어려운 것이다. 내용만 생각해서 쓰는 것도 어렵고 시간이 오래 걸리는데 글까지 쓰려니 정말 힘들 수밖에 없다. 그건 나도 힘들다. 숙달된 사람도 미리 내용을 생각해두지 않고 바로 글을 쓰는 것은 어렵고, 글을 쓰고 나서 읽어보면 내용이 형편없다. 어려운 건 한 번에 하나씩만 하자. 내용을 생각하려면 생각만 하고 그 후에 글을 쓸 거면 글만 쓰자. 어려운 것을 두 개나 동시에 하면 더 어렵다.

키워드를 어느 정도 생각했으면 내용을 구체화시켜보자. 구체화시키기 위해서는 키워드를 중심으로 흐름을 따라가 보고 흐름이 그려졌을 때 말을 해보자. 생각만으로도 내용을 만들 수 있다면 꼭 소리 내지 않아도 된다. 그러나 익숙해질 때까지는 소리를 내서 내용을 만드는 것이 좋다. 생각만으로 하다 보면 다른 생각에 빠져있는 자신을 발견하게 된다.

② 쓰는 것보다 말이 더 빠르다.

빠르게 하는 것이 어떤 면에서 좋은지 알아보자. 우리가 글을 쓰게 되면 말을 하는 것보다 느리고, 글을 쓰는 것 자체에 신경을 분산시키게 된다. 자소서를 쓰는 방법에서도 한번 언급한 내용인데 노래를 들을 때도 이어서 듣게 되면 무슨 노래인지 알지만 끊어서 듣게 되면 음을 알기가 힘들다.

이처럼 같은 말이나 글을 빠르게 쓰면 느리게 할 때보다 더 쉽게 파악할 수 있고 탄력을 받아서 더 잘 쓸 수가 있다. 그래서 빨리 쓰는 것, 빨리 말하는 것은 중요하다. 잘 안 써지고 생각이 안 날수록 가만히 생각하기보다는 무슨 말이라도 하고 무슨 글이라도 써보는 게 더 좋다.

③ 쓰는 것보다 말이 덜 귀찮다.

자소서를 글로 쓰기 위해서는 공책과 연필을 꺼내던지 노트북이나 컴퓨터를 켜야 한다. 쓸 수 있는 책상도 있어야 하고 시간과 공간의 제약을 받는다. 그러나 말로 하는 것은 그러한 제약을 받지 않는다. 차에서도 할 수 있고 걸어가면서도 할 수 있다. 시간이 3분 정도만 주어져도 충분히 할 수 있다. 그렇기 때문에 말로 하거나 생각으로 자소서를 쓸 수 있다면 엄청나게 실력이 많이 늘 수 있다.

④ 쓰는 것보다 말이 더 많은 감각을 사용한다.

쓰는 것은 사실 생각을 통해서 글로 적게 된다. 그것을 말한 것도 아니며 들은 것도 아니다. 내가 쓰면서 한번 읽을 수는 있지만 그것조차 천천히 쓰게 된다면 읽으면서 내용을 파악하기가 힘들다. 그러나 말로 하게 되면 나의 생각을 입으로 말하고, 귀로 듣기 때문에 훨씬 자연스럽게 말할 수 있고 내용을 파악하기 훨씬 쉽다. 이렇듯 자소서를 쓰기 전에 말로 먼저 해보는 것은 정말 중요하며 이것이 핵심 노하우이다.

(2) 잘 쓰든 못 쓰든 여러 번 써본다.

이 책의 핵심 내용이다. 많이 써보고 많이 해보고 많이 생각하고 많이 느껴라. 무조건 많이 하면 안 한 것보다 잘할 수밖에 없다. 그리고 매 순간을 실전이라고 생각해라.

취업준비생들의 가장 큰 실수는 생각만큼 실질적인 노력을 안 한다는 것이다. 실질적인 실력 향상이 되는 쓰기, 말하기, 직접 해보는 것을 계속 해봐야 한다. 이론으로는 알고 머리로는 이해하지만 직접 하는 것을 귀찮아하고 부담스러워하기 때문에 실력이 늘지 않는다.

이론을 공부하고 학원에 다니고 이것저것 하기 전에 일단 써보자. 그게 답이다. 내가 해주는 조언들이나 노하우들은 모두 일단 써 보고 나서 하나씩 적용해갈 때 의미가 있는 것이지 지식으로만 알고 있다고 해서 달라질 것은 없다. 꼭 직접 써보자.

(3) 초안을 작성할 때에 너무 내용에 신경을 쓰지 말고 어느 정도 칸을 채운다는 생각을 갖고 작성한다.

내가 자주 사용하는 예시가 있다. 그림을 그릴 때 처음에는 구도를 잡기 위한 데생이라는 것을 한다. 그 후 대강 윤곽을 그리고 윤곽이 완성되면 디테일하게 스케치하고 물감을 칠한다. 물감을 칠할 때도 마찬가지로 한 번에 구석부터 진하게 칠하는 게 아니고 연하게 여러 번 덧칠하면서 최종 그림이 완성되는 것이다.

우리는 펜을 잡자마자 도화지의 한쪽 구석부터 시작해서 최종단계의 물감을 칠하려고 한다. 그러면 오히려 기본적인 구도와 스케치를 할 수 없어서 좋은 그림을 그릴 수 없게 된다. 자소서를 쓰기도 마찬가지로 한 번에 완벽하게 쓰려고 하면 힘들어진다.

자소서를 작성할 때에는 눈에 보이는 구도와 스케치를 하지는 않지만 마음속에 키워드와 대략적인 내용을 처음부터 끝까지 정리한 후에 제대로 쓰도록 하자. 처음부터 안벽하게 쓰려다 보면 글의 중간쯤에는 내가 원하지 않은 방향으로 글이 써지고 있을 것이다.

자소서를 작성하는 취업준비생을 보면 먼저 공채 일정을 보고 그중에 자신이 갈 회사를 정하는 경우가 종종 있다. 그리고는 각 회사의 자소서 질문에 맞게 답을 하기 시작한다. 첫 질문부터 답을 써 내려 가다가 3~4줄 쓰다가 중간에 읽어보고 '아. 이렇게 쓰면 안 되는데'라고 생각하며 그동안 쓴 내용을 계속 읽어본다. 그리고 더 이상 자소서를 작성하지 못하게 된다.

여기서 핵심은 내가 쓴 글이 이상하다고 생각하고 그 순간부터 글을 이어서 쓸 수 없게 된다는 것이다. 우리가 아주 어릴 때는 못 느꼈겠지만 크면서 부끄러움이라는 감정을 느끼게 되고 그런 상황이 되면 하던 행동을 멈추게 된다. 또는 주변의 시선을 의식하게 된다. 그러면서 내가 하는 행동이 그전과는 다르게 편하지 않게 된다.

의식하지 않으려고 해도 의식하게 된다. 그러나 자소서를 아직 잘 쓰지 못한다면 내용이 이상하고 앞뒤가 안 맞고 무슨 말인지 잘 몰라도 괜찮다. 많이 안 써봤기 때문에 못 쓰는 게 당연하다. 글을 못 쓰기 때문에 글쓰기를 포기해 버린다면 절대로 글을 잘 쓸 수가 없게 된다. 그러니 이상하다는 판단은 나중에 하고 일단은 끝까지 쓰자.

자소서는 지식을 쌓아서 잘 쓰게 되는 것이 아니므로 계속 써봐야 한다. 계속 쓰다 보면 잘 쓰게 되는 것이다. 자소서를 잘 쓰는 사람은 그 과정을 남들보다 빨리 겪었을 뿐이다. 나 역시 혼자서도 이력서와 자소서를 여러 번 써봤기 때문에 연습이 되었다.

(4) 시간제한을 무한대로 두고 쓰지 말자.

오랫동안 잡고 있다고 좋은 내용이 나오는 것은 아니다. 내가 자소서 컨설팅 때 하는 말이 있다. 몇 분이 지나도록 한 글자도 못쓰고 있는 학생들에게 "지금 무슨 말이든지 쓰기만 하면 합격시켜준다고 생각하고 써보자." 이런 생각이 진짜 마음에 와 닿으면 무슨 말이라도 쓰게 된다. 물론 그것을 써서 낸다고 합격이 되지는 않는다.

그러나 그렇게라도 글쓰기를 시작하지 않으면 합격할 수 없기 때문에 무슨 말이든 쓰게 하려는 의도이다. 중요한 건 내가 지금 시작하지 않으면 지금의 상황은 절대 바뀌지 않는다는 것이다. 자소서를 첨삭해주기 위해서 자소서를 써오라고 하면 회사 한 곳의 자소서를 쓰는데 시간이 너무 오래 걸린다. 그래서 기다리다 못해 만나서 쓰게 된다. 자소서를 잘 쓰려면 초반에는 질보다 양이다. 일단 많이 써야 늘기 때문에 무슨 말이든지 써야 한다.

자소서 실력을 늘리는 효율적인 방법이 있다.

5분을 주고 일단 3줄만 써보도록 한다. 그래도 2줄도 못 채우는 사람이 많다. 그때 나는 앞에 했던 말을 한다. "지금 5분 안에 3줄을 쓰기만 하면 합격시켜준다고 생각하고 써봐." 그러면 5분이 거의 다 되어서 갑자기 3줄을 완성한다. 그 뒤에는 2분을 주고 다시 3줄을 완성하도록 한다. 이런 식으로 조금씩 훈련을 해야 한다.

5분 동안 한 줄밖에 못 쓰는 사람이 있거든 이렇게 말한다.

"이상해도 좋고, 말이 안 되어도 좋고, 틀려도 좋고, 사실이 아니어도 좋고, 자소서와 관련이 없어도 좋으니. 그냥 아무 말이나 3줄을 5분 동안 채워봐."라고 말한다.

이때부터는 실력이 아니고 의지의 문제이다.

취업하겠다는 생각만 있으면 무슨 말이든 쓸 수가 있기 때문이다. 내가 잘할 수 있는 주제에 대해서 3줄을 쓰고, 그다음에는 다른 주제로 짧은 시간 동안 써보고 잘될 때 바로 이어서 자소서의 답변까지 써본다면 성공한 것이다.

앞에서 정말 중요하게 생각해야 할 부분은 시간을 보면서 5분 안에 마무리 하도록 계산하면서 써야 한다는 것이고 더 중요한 것은 '3줄을 완성시키면 대기업에 취업할 수 있다.'라는 생각을 가지고 절실한 마음으로 써야 한다는 것이다. 절실한 마음만 있다면 못할 것이 없다.

(5) 자소서 쓰면서 내용을 생각하지 말고, 결론을 내고 나서
쓰자.

먼저 결론을 내는 방법을 성격의 장단점으로 예를 들어보자.
성격의 장단점을 쓰기 전에 '내 성격이 어떻지? 장단점이 뭐가
있을까?'라고 생각을 한다. 그리고 어렸을 때부터 들어왔던 칭
찬이나 지적 중에 자주 들었던 것을 떠올리고 작성하거나 내가
스스로 생각한 나의 장단점을 작성하면서 글을 시작한다.

그러나 이러한 방법으로 글을 쓰기 시작하면 막다른 골목에
부딪히게 된다. 그리고 우리가 원하는 장단점을 떠올리는데 더
오랜 시간이 걸릴 수 있고, 회사에서 원하는 장단점이 아닐 수
있다. 사례를 찾고 장단점을 떠올리지 말고 장단점을 먼저 결
정하고 그에 맞는 사례를 찾아보자. 방금 사용했던 방법이 왜
잘못되었는지는 예를 들어서 확인해보자.

내가 편의점에서 물건을 사려고 할 때, 어떤 편의점을 이용하
든지 상관이 없다면 우리는 먼저 지도를 찾는다. 그리고 가장
가깝거나 가기 쉬운 편의점의 위치를 파악하고 찾아가기 시작
한다. 이것이 편의점을 찾아가는 좋은 방법이다.
그렇다면 내가 어필하고 싶은것을 정하기 전에 성격의 장단점
부터 자소서에 작성하는 것은 무엇이 잘못되었을까? 그렇다.
최종 목적지를 정하지 않고 '동쪽으로 갈까? 서쪽으로 갈까?
아니면 남쪽? 북쪽? 그래 동쪽에 번화가가 있으니까 동쪽으

로 가보자.' 라고 생각하고 길을 떠나는 것과 같다.

물론 우연히 가장 가까운 편의점이 동쪽에 있을 수도 있지만 동쪽으로 갔는데 편의점이 없다면 다시 한번 지도를 찾아야 한다. 왔던 길을 되돌아가야 할 수도 있다. 그것이 늦어질수록 우리는 엄청난 손해를 보게 된다.

본론으로 돌아가서 우리가 장단점에 대해서 나열하는 것은 필요하다. 그러나 아무 징점이나 골라서 시작해서는 안 되고 내가 가진 장단점이 회사와 부서의 업무를 하는 데 어떤 영향을 주는지 먼저 생각하고 결과를 고려해서 작성을 해나가야 한다.

영업업무에 지원하면서 사교성보다는 조용하다는 장점을 어필하거나, 사무업무에 지원하면서 활동적이고 역동적이라는 부분을 어필하게 되면 좋은 평가를 받기 어렵다.

내가 어떤 사람으로 보이고 싶은지에 대해서 먼저 생각한 후 관련된 장단점을 생각하는 것이 꼭 필요하다. 성격의 장단점뿐만 아니라 모든 질문에 대해 대답을 할 때 최종 결과를 생각하고 말과 글을 시작하는 것이 중요하다. 그렇게 되면 말과 글도 더 잘 써지고 방향을 잡기에 훨씬 수월해진다.

(6) 면접에서 당장 보여줄 수 있는 것들을 자소서에 어필해라.

만약에 아르바이트를 했거나 봉사활동을 했으면 거기서 했던 것들에 대해서 말로 설명하는 것을 넘어서 실제로 했던 것을 자연스럽게 행동해볼 수 있으면 좋다. 외향적인 직무에 지원했거나, 조용한 성격으로 인해서 소심해 보이는 이미지라면 면접에서 무언가를 바로 보여 줬을 때 좋은 평가를 받는다.

(7) 면접관이 감동할 수 있도록 자소서를 쓰자.

즉 인사담당자에게 지원자를 뽑을 수 있도록 동기를 유발하는 것이다. 자소서는 크게 두 번 평가된다. 1차 서류심사 때 평가되고 면접 때 면접관들의 평가 보조수단으로 읽힌다. 물론 면접 때는 직접 대면하기 때문에 자소서의 내용 자체만으로 지원자를 평가하지는 않고 평가에 방향을 정하는 데 도움을 준다.

앞으로 소개할 방법은 면접 때 면접관에게 감동을 주려는 방법이다. 그런데 이것을 자소서에도 접목시켜서 서류합격을 해보자. 어떤 것이 인사담당자에게 뽑아야겠다는 동기가 될까? 자소서에서 좋게 평가되는 구체적인 내용과 방법에 대해서는 책의 내용에 쓰여 있기 때문에 중복해서 언급하지는 않겠다.

이번에는 감동을 주는 방법에 관해서만 이야기해보자.

① 이미지를 떠올리게 해주어라.

② 면접관의 어렸을 때 모습을 회상시켜 동질감을 느끼게 해주어라.

③ 강약조절을 하고 감동을 주기 전에 반 박자 쉬어줘라.

④ 진지한 눈빛을 발사해라.

⑤ 외운 티를 내지 말고 자연스럽게 해라.

⑥ 눈물을 보이지 마라.

⑦ 고개를 조금씩 끄덕여라.

인사담당자가 지원자를 뽑고 나서 잘 뽑았다는 생각을 들게 만들어라. 기업에서 제시하는 자소서의 질문에는 지원동기를 물어보는 곳이 많다. 그만큼 지원동기가 중요하다는 것이다. 무슨 일을 하든지 그 동기가 무엇인지에 따라서 목적과 과정, 결과도 달라질 수 있다. 이와 마찬가지로 인사담당자도 나의 자소서를 보고 합격과 불합격을 나누는 기준이 있다.

그것들은 어떤 규정에 의한 것도 있겠지만 인사담당자에게 얼마나 감동을 주었는지, 합격시켜야겠다는 동기를 유발하였는지에 따라서 달라진다. 감동을 준다는 이야기는 능력을 드러내거나 장점을 잘 어필하라는 뜻이 아니다. 남들보다 뛰어난 장점이 없어도 상관없다. 다만 노력하고 열정과 의지를 보여주는 사람에게 더 높은 점수를 주고 싶은 것이다.

나조차도 이러한 생각을 하는데 인사담당자들, 면접관들은 당연히 그렇게 생각할 것이다. 인사담당자가 감동하려면 개인적인 감정에 호소하는 방법도 필요하다.

자소서는 크게 두 가지 측면으로 평가할 수 있다. 하나는 회사와 부서에서 필요로 하는 인재상처럼 특정 능력을 지녔거나 성장 가능성이 있는 지원자를 뽑아야 하는 객관적인 기준이 있고 다른 하나는 주관적이고 개인적인 기준이 있다. 이것에 대한 견해는 사람마다 다를 수 있겠지만 작은 것 하나라도 절박한 우리에게는 충분히 좋은 팁이 될 수 있다.

'지성이면 감천이다.'라는 말처럼 지원자가 지극정성으로 자소서를 작성하면 인사담당자를 감동시킬 수 있다는 뜻으로 해석할 수 있다. 이것은 지원자가 가지고 있는 본래의 능력과는 상관이 없는 부분이다. 지원자가 가지고 있는 의지와 열정이 자연스럽게 자소서에 나타날 것이다.

(8) 사례보다는 내가 느낀 점, 배운 점에 초점을 두자.

자소서, 면접은 더 훌륭한 경험을 한 사람을 높이 평가하고 채용하기 위한 전형이 아니다. 내가 했던 경험들이나 사례를 가지고 나를 어필하고 직접 경험을 통해서 내가 느끼고 배운 점에 대해서 언급하는 것이 중요하다. 또 그때 느끼고 배운 점을 통해서 내가 어떻게 달라졌고, 업무를 하면서 그러한 점을 어떻게 적용시킬 것인지에 대한 구체적인 방안이 들어있어야 한다.

물론 인사담당자도 자소서에 있는 경험에 대한 내용을 읽으면 느낀 점과 배운 점을 추측할 수 있고, 어떻게 업무에 적용이 될지 예측이 된다. 그러나 지원자가 직접 이야기하는 것과 인사담당자가 예측해야 하는 것은 평가 자체가 다르다. 그걸 지원자가 직접 이야기해줘야 높은 점수를 받고 회사에서 뽑으려는 인재상에 해당된다.

(9) 지원회사와 부서의 단점에 대해서 충분히 알아야 한다.

그것을 알고도 지원했음을 어필하고, 극복할 수 있는 자기만의 방안을 마련하자. 종종 취업준비생의 자소서를 보면 지원회사나 부서에 대한 단점에 대해서 언급하기를 꺼려하거나 장점만 부각하려고 하는 경우가 있다. 회사에 잘 보이고 싶어서 그렇게 하는 것이겠지만, 분명하게 회사와 부서에 어떠한 단점이 있는지를 알고 있어야 한다.

취업준비생 입장에서 생각하면 회사의 장점에 대해서 잘 알고 좋게 생각하고 있는 것이 높이 평가될 것이라고 생각하겠지만 취업은 실전이다. 인사담당자는 지금까지 여러 해 동안 신입사원을 뽑아왔다. 그러면서 회사와 부서의 장점만 알고 들어왔다가 단점을 보고 퇴사하는 경우를 너무도 많이 봐왔다. 그렇기 때문에 단점을 알고도 지원하며 극복 방안을 가진 사람을 채용하려고 한다. 단점을 해결하지는 못할지라도 최소한 알고 있는 지원자를 뽑으려고 하기 때문에 단점에 대해서도 정확히 파악하는 것이 중요하다.

(10) 지원동기가 부서의 현실과 맞는지 확인해보자.

맞지 않는다면 좋은 평가를 받기 힘들다.

지원동기라는 것은 우리가 회사에 다니는 이유와 같은 뜻이다. 단순히 지원한 동기가 아니고 회사를 지속적으로 다녀야 하는 이유를 쓰면 된다. 그러면 좋지 않은 지원동기는 무엇일까? 지속적이지 않은 이유를 들어서 지원동기를 쓰게 되거나 표면적으로 보이는 부분에만 초점을 맞춰서 회사의 현실과 괴리감이 있는 동기를 가지고 지원한 경우를 들 수 있다.

그런 경우에는 회사의 입장에서는 불안한 지원자로 생각할 수 있고 지원자가 회사와 부서에 대해서 잘못 알고 지원했다고 생각할 수 있다. 그리고 지원자의 오해는 입사해서 출근하게 되면 깨질 거라고 생각할 것이다. 입사 하더라도 지원동기와 실제 근무환경이 다르므로 회사에 다닐 이유가 사라지기 때문이다. 지속되지 않는 지원동기를 말하는 것도 같은 이유에서 불안한 지원자일 수 있다. 예를 들어보자.

"제가 이 회사에 지원한 동기는 현재 동종업계에서 1위를 하고 있기 때문입니다."라고 변동 가능한 지원동기를 제시했다면 나중에 동종업계에서 2위를 하게 되거나 그 밑으로 떨어지게 될 경우에는 지원동기가 사라지게 되는 것이다. 지원동기가 사라진다는 말은 더이상 회사에 다닐 이유가 없어진다는 뜻인데 그렇게 되면 회사를 그만둘 수도 있다는 생각이 든다.

그렇다면 어떤 지원동기를 어필하면 좋을까? 좋지 않은 동기의 반대로 하면 된다. 회사와 부서에 대해서 정확히 알고 지원동기를 적어야 하며, 지속적이고 변동이 쉽지 않은 부분에 초점을 맞춰서 잡는 것이 좋다.

일상적인 예를 들어보자. 친구를 사귈 때 친구를 선택하는 기준이 있을 것이다.

친구에게

① "내가 너랑 친하게 지내려는 이유는 네가 돈이 많기 때문이야."라고 말한다면 친구는 어떻게 생각할까.

이번에는 친구에게

② "내가 너랑 친하게 지내려는 이유는 네가 성격이 좋기 때문이야."라고 말한다면 친구는 어떻게 생각할까.

①에서 제시한 이유는 본질보다는 조건이나 쉽게 변할 수 있

는 것에 초점을 두었기에 좋은 이유가 아니라고 생각할 수 있다. 그리고 ②에서 제시한 이유는 본질적인 부분에 초점을 두었다. 그러면 그 친구가 돈이 많든 적든 상관없이 친구 관계를 유지할 수 있겠다는 생각이 든다.

그러나 ②의 이유에도 한 가지 생각해야 할 부분이 있다. 친하게 지내려는 이유가 친구의 좋은 성격 때문이라고 말했는데 정확히 그 친구에 대해서 알지 못한 상황에서 저러한 말을 한다면 그것 또한 겉으로 보이는 부분만 보고 판단했다는 생각을 할 수 있다. 겉으로는 활발해 보이는 친구일지라도 원래 성격은 내성적일 수도 있고 그날따라 좋은 성격으로 보였을 수도 있다.

그렇다고 본질적인 부분에 관해서 이야기를 안 할 수도 없다. 그렇다면 어떻게 해야 할까? 오늘 처음 만난 사람이 다가오더니 "내가 너랑 친하게 지내려는 이유는 네가 성격이 좋기 때문이야."라고 말한다면 그 말을 들은 사람은 어떻게 생각할까? 그것을 그대로 믿고 받아들일 수 있을까? 그대로 믿기에는 힘들 것이다. 그러나 그 말에 힘을 실을 수 있는 몇 가지 이야기를 하게 되면 상황은 달라진다.

오늘 처음 만났지만 그동안 알고 있었고 '오랫동안 팬이었다.'라든지 그동안의 행동이나 사건들에 대해서 잘 알고 있다면 이야기는 달라진다. 그래서 주로 첫 만남에 친해지기 위한 말로서 "그동안 얘기 많이 들었습니다."라는 말을 하는 것이다. 그동안 나를 알고 있었고 그런데도 나를 친하게 대하는 사람을 보면 안심이 되고 평소처럼 해도 되겠다는 생각을 하고 다가갈 수 있기 때문이다.

이것을 자소서 작성법으로 연결해보면 이렇다. 업계 1위처럼 변동 가능하거나, 표면적으로 보이는 장점들보다는 근본적이고 지속적인 부분에 초점을 맞춰서 기업의 장점을 들고 지원동기를 쓰자. 그리고 중요한 것은 내가 오랫동안 기업에 대해서 알고 있었고 현재의 상태만 보고 판단하는 것이 아니라는 것을 말하도록 하자. 그렇게 하기 위해서는 내가 기업에 대해서 먼저 정확히 알고 있어야 한다. 처음 만난 자리에서 상대방에 대해서 아무것도 들은 것이 없으면서 "얘기 많이 들었습니다."라고 말했다가는 오히려 이상한 사람이나 불순한 의도로 접근하는 사람으로 보일 수가 있는 것처럼 기업도 마찬가지이다.

우리가 기업에 대해서 알고 있어야 하는 것은 단순히 현재 동종업계에서 몇 위인지를 알아야 할 것이 아니며 무슨 상을 받았는지도 중요하지 않다. 그러나 내가 지원하려는 기업에서 무슨 일을 하며 나아가려는 방향은 무엇이고 내가 회사에 입사하게 되면 무슨 일을 하게 될지에 대해서는 알아보고 판단을 거친 후에 지원했다는 것을 말할 수 있어야 한다. 그래야 좋은 평가를 받을 수 있고 또 나에게 맞는 올바른 선택을 할 수 있다.

(11) 전문용어와 신조어를 최소화해라.

사례에서 전문지식을 이야기해야 한다면 최대한 쉽게 말해야 인사담당자가 자소서의 내용을 정확히 이해하고 좋게 평가할 수 있다. 어렵게 표현하면 의사소통의 한계가 생긴다. 신조어를 쓰면 안 된다는 것은 굳이 설명하지 않아도 잘 알 것이다. 신조어, 인터넷 용어, 은어들은 기본적으로 자소서와 면접에서 사용해서는 안 된다. 그것은 기본적인 예의이고 이해를 방해하기 때문이다. 그러므로 더이상 길게 이야기하지 않겠다.

전문용어와 전문지식을 최소화해야 하는 이유를 알아보겠다. 단, 지원 분야의 전문용어를 잘 모르는 평가관이 있다는 전제를 두겠다. 다양한 분야의 사람이 평가하므로 분명히 비전공자가 평가할 수도 있다.

모르는 전문용어가 나왔을 때와 비슷하게 한 가지 예를 들어보자. 영어문제집에 나오는 영어를 풀어본 사람이라면 이해가 쉬울 것이다. 언어 문제뿐만 아니라 전문용어가 많이 나오는 서적을 볼 때도 모르는 용어가 있으면 문장 전체에 대한 이해가 잘되지 않는다.

시험에서 영어문제를 풀 때의 기억을 회상해보자. 영어단어를 전부 알면 상관없겠지만 모르는 영어단어가 나올 경우에 문제를 이해하기가 힘들어진다. 특히 용어 문제이거나 모르는 단어가 핵심 키워드일 경우에는 문제 자체를 풀기가 힘들고 풀더라도 오답을 고를 확률이 높아진다. 또 시간이 오래 걸리고 그 단어를 모른다는 이유에 짜증이 날 수도 있다. 그리고 다음 문제를 풀기 위해 넘어간다. 모르는 문제에서 시간 낭비를 하면 안 되기 때문이다.

그렇다면 자소서를 읽어볼 때는 예외가 존재할까? 전혀 그렇지 않다. 아니, 오히려 더 냉정할 수도 있다. 시험문제가 딱 1문제라면 어떻게든 그 문제를 풀기 위해서 시간을 들이겠지만 시간은 짧은데 골라서 풀 수 있는 문제가 10,000개 있다고 생각해보자. 10,000개의 문제 중에 100개만 골라서 풀어도 된다고 가정해보면 굳이 모르는 용어가 있고 맞을지 틀릴지도 모르는 문제를 풀기 위해서 평가관이 자신의 귀중한 시간을 쏟으려 할까?

회사는 그렇게 한가하지 않고 자소서를 읽다가 신조어나 전문용어가 나오면 사전이나 인터넷을 찾아가면서 내용을 이해하기에는 맡은 업무가 너무 많다. 그러니 굳이 이해하기 어렵게 전문용어와 인사담당자가 모를만한 이야기들을 길게 설명해가면서 정말 필요한 것들을 어필하지 못한다면 얼마나 손해인가. 그러니 전문용어나 긴 설명이 필요한 내용은 최소화 해야 한다. 필수적으로 사용해야 하는 경우를 제외하고는 쉽게 이해할 수 있는 내용으로 쓰는 것이 좋다.

직접 자소서 샘플을 보고 이해가 잘 되는지, 읽고 싶은 마음이 드는지 느껴보자. 내가 봤던 자소서에서 틀을 따와서 나의 상황에 맞게 만들어보았다.

지원동기

저는 기계공학과를 전공했습니다. 기계공학과에서는 열역학, 유체역학, 고체역학의 3역학을 중심으로 현실에서 나타나는 에너지와 역학에 대해서 정의하고 깊이 있게 배웠습니다.

특히 열역학의 모든 자연적, 기술적 에너지 변환 과정은 비-가역적(Irreversible)이며 엔트로피가 증가하는 쪽으로 운동한다는 것을 배울 때 흥미를 느꼈습니다. 그리고 엔트로피, 엑서지, 열역학 3법칙 등의 개념을 …(중략)… 그래서 지원하게 되었습니다.

이런 식의 내용을 작성한 자소서를 본 적이 있다. 자신이 배웠던 전공을 살려서 관련 분야에 지원하고 있고 충분한 흥미를 느꼈기 때문에 지원을 한다는 내용은 좋지만 전공을 했으면 당연히 배우는 내용을 군이 자소서에 한 번 더 작성해서 정말 어필해야 할 부분을 어필하지 못하고 놓친다는 것은 그만큼 좋은 평가를 받을 기회를 놓치는 것은 물론이고 특히 전문용어와 여러 법칙을 나열하면서 읽는 사람의 집중력과 몰입도를 떨어뜨리게 한다.

스토리 중심의 사례가 아닌 단순한 정보를 전달하고 전공서적을 읽는 듯한 느낌을 주게 되면 절대로 좋게 작용하지 않는다. 평가관이 그 부분을 건너뛰었거나, 다른 부분에서 정말 뛰어난 평가를 받지 않는 이상 합격하기는 힘들다.

지원자의 입장에서는 자신의 전문성을 나타내고 싶고 남들보다 많이 알고 있으며 관련 경험이 있음을 자연스럽게 어필하고 싶어서 전문용어를 유창하게 말하고 싶었다는 것도 이해가 된다. 마치 외국인과 대화를 할 때 어려운 단어를 써서 유창하게 영어를 말하는 것처럼 남들에게 인정을 받고 싶은 마음도 이해는 하지만 그것은 좋은 접근이 아니다. 평가관은 외국인의 입장이라기보다는 그것을 지켜보는 한국 사람의 입장일 가능성이 크다.

지원자는 학교에서 열역학을 배웠지만 평가관은 열역학을 안 배웠을 수도 있다. 지원자는 업무에 필요한 용어라고 생각해서 말했던 전문용어와 배경지식이 실제 업무에서는 전혀 사용하지 않고 있을 수도 있다. 또는 자신 있게 사용했던 특정 용어가 경쟁사에서 주로 사용하는 용어였을 수도 있다.

지원자가 자신의 지식이나 관련 경험을 어필하고 싶다면 먼저 자신이 해왔던 현장 경험들에 대해서 이력서에 표기하고 자소서에도 소재로 사용하면 좋다. 그러나 전문용어나 지식을 직접 작성하지 않더라도 경험과 실질적인 사례만으로도 충분히 평가관은 지원자의 경험을 알 수 있다. 이론이 아닌 실습을 해서 느꼈던 점, 어려웠던 점 등을 직접 경험했던 사례와 함께 어필하면 더 좋다.

한 가지 조심해야 할 부분은 전공이나 관련 지식을 알고 있는 것이 취업에 크게 도움이 될 거라고 생각하는 것이다. 물론 도움은 되지만 조금 다른 개념에서 도움이 된다. 전공으로 배웠다고 해도 신입사원에 대해서 크게 기대하지는 않는다. 물론 기본적인 이해를 바탕으로 하면 도움이 되겠지만 회사 차원에서 더 중요하게 생각하는 것은 기본지식이 아니다. 입사하게 되면 알겠지만 전공과목에서 배운 이론이나 지식, 법칙들은 크게 관련이 없는 일을 하게 된다.

그러면 회사에서는 무엇을 고려할까? 어차피 신입사원을 채용하는데 이왕이면 해당 분야에 거부감이 없고 친근감이 있는 직원을 채용하면 교육하기에도 쉽고 전공을 살려서 지원했으면 다른 분야로의 전환을 위해서 이직할 가능성이 적다고 생각하기 때문에 채용하는 것이다. 전공과 다른 분야로 지원을 한 사람은 어쩌면 즉흥적으로 지원했을 가능성이 있기 때문에 전공자보다 불리한 입장이 될 수 있다는 것을 참고해야 한다.

(12) 자소서를 작성하였다면 소리 내어 읽어보자.

눈으로 읽을 때 발견하지 못했던 실수들이나 어색한 부분이 보일 것이다. 즉 면접처럼 직접 해보는 것이다. 우리는 말을 하는 데는 익숙하지만 글을 써본 경험은 상대적으로 많지 않다. 그렇기 때문에 말하기, 읽기, 듣기를 통해서 부족한 쓰기 능력을 보완할 필요가 있다.

읽을 때는 그냥 글씨를 읽기보다 직접 다른 사람에게 말하듯이 소리내어 읽으면 말하기, 읽기, 듣기를 통해서 어색한 곳을 쉽게 찾아내고 앞으로 무슨 내용으로 이어가야 할지에 대한 생각을 쉽게 떠올릴 수 있다. 수시로 소리 내어 읽어보는 것은 매우 중요하다.

(13) 자소서를 쓰면서 이미 썼던 내용에 신경 쓰지 말고 앞으로 쓸 내용만 생각하자. 앞에 썼던 내용을 계속 생각하다 보면 생각의 흐름이 끊긴다.

(14) 자소서를 쓰는 데 필요한 경험들을 틈틈이 하자.

재료가 좋아야 맛있는 요리가 나온다. 맛있는 음식을 만들려면 좋은 재료를 사용해서 만들어야 한다. 자소서의 좋은 재료는 느낀 점, 배운 점들이 많은 경험들이다. 대단한 경험이 아니더라도 그것을 통해서 배운 점, 느낀 점이 필요하다.

(15) 한 번 쓸 때 끊지 말고 오래 써보자.

글을 쓰고 말을 할 때 중요한 것은 흐름이다. 종종 이런 경험이 있을 것이다. 내가 말을 하고 있는데 누가 내 말을 끊거나 다른 곳으로 신경이 분산되어서 대화가 중단되었다면 다시 말을 이어가는 것이 어려웠을 것이다.

'내가 무슨 말을 하고 있었지? 어디까지 이야기했지?' 하고 한참을 생각해야 한다. 이처럼 흐름이 끊기게 되면 다시 이야기를 시작하는데 어려움을 느끼고 처음에 하려던 말을 조리 있게 하지 못할 수도 있다.

그러면 어떻게 해야 할까? 말을 하고 글을 쓸 때 한 번에 할 수 있도록 하고 다른 것으로부터 방해를 받지 않는 환경을 만들어야 한다. 예를 들어 친구와 연락을 하든지 음악을 듣든지 무언가를 하면서 동시에 하게 되면 방해가 될 수 있다. 자소서를 작성하는 글이 조금 이상하거나 생각이 안 날지라도 절대 끊거나 다른 일을 하지 말고 말이든 글이든 계속 이어나가야 한다. 그러다 보면 다시 원래의 정상궤도로 돌아올 수 있다.

(16) 다른 지원자들의 자소서를 많이 읽어보고 면접관의 입장에서 평가해보자.

그러면서 지원자는 어떤 역량을 가졌고 어떤 사람일지 생각해보자. 그렇게 생각한 이유는 무엇인지. 또 지원자가 스스로 어떤 사람으로 보이고 싶어 했을지 생각해보자. 다른 지원자의 자소서를 많이 보는 것은 정말 중요하다.

물론 보고 그대로 따라 하라거나 합격 자소서가 무조건 잘했다는 뜻은 아니다. 잘 쓴 표현은 내 것으로 만들 필요도 있지만 내가 강조하고 싶은 것은 발상을 자유롭게 하라는 뜻이다. 내가 평소에 갖고 있던 생각으로만 자소서를 쓰면 금방 한계가 드러난다. 그런데 글을 많이 읽고 또 그것을 통해서 많이 느낀다면 더 나은 자소서를 쓸 수가 있다.

다른 사람의 자소서를 읽어보면 평가관의 입장이 될 수 있다. 내 것이 아니므로 조금 더 냉정하게 평가할 수 있고 조금 부족한 것이 있다면 어떻게 쓰면 더 좋겠다는 생각이 더 쉽게 든다. 예를 들면 장기나 바둑을 두는 것을 보면 직접 할 때보다 훈수를 할 때 훨씬 잘 보이고 시야가 넓어져서 객관적으로 분석할 수가 있다. 그렇게 보는 눈을 길러야 한다.

다른 사람의 자소서를 많이 구해서 최대한 읽어보자. 빠르게 읽고 그 사람에 대한 평가와 면접 때 무슨 질문을 할지, 내용을 읽었을 때 궁금한 내용이나 더 작성이 필요한 내용이 무엇인지. 무엇을 느꼈는지, 내가 면접관 이하면 뽑고 싶은지, 무슨 일을 시키면 잘할 수 있을 것 같은지, 어떤 성격의 사람일지, 에 대해서 분석해보자. 그러면 어떻게 써야 면접관에게 내가 원하는 성격과 장점을 어필할 수 있는지 터득하게 된다.

(17) 무조건 한 페이지부터 쓰고 시작하자.

처음부터 칸수를 맞춰서 쓰지 말자. 자소서를 쓰다 보면 내용이 이상하고 무슨 말을 해야 할지 잘 모르더라도 지우지 말고 쓰자. 완성하고 나서 첫 부분을 한꺼번에 날려버리면 되기 때문이다. 처음부터 좋은 내용만 쓰려고 하면 오히려 써지지 않는다.

이렇게 생각하면 쉽다. 자전거를 타보면 멈춰 있다가 처음 출발할 때에는 속도가 나지 않아서 핸들도 비틀거리고 균형을 잡기가 힘들다. 그리고 계속 옆으로 넘어지려고 한다. 그래서 자전거를 처음 배우기가 어렵다. 그런데 달리면서 점점 속도가 붙으면 오히려 좌우로 흔들리지도 않고 크게 신경 쓰지 않아도 옆으로 넘어지지도 않는다. 그러다가 멈추게 되면 다시 출발할 때에 속도가 나기 전까지는 균형을 잡기가 힘들다. 물론 처음보다는 훨씬 쉬워진다.

자소서 작성도 이와 마찬가지이다. 자소서를 잘 쓰는 사람도 갑자기 글을 쓰려고 하면 처음에는 잘 안 써진다. 그러나 계속 쓰면 잘 써질 것을 알기에 써보는 것이다.

CHAPTER
01

취업을 위한
기초단계

1. 취업의 폭을 넓혀라

내가 하고 싶은 일을 해라. 내가 하고 싶은 일을 하면서 산다는 것이 얼마나 행복한지 모를 것이다. 전 세계적으로 자신이 원하는 일을 하면서 사는 사람들은 정말 소수이다.

자기 일에 만족하지 않거나, 하기 싫지만 어쩔 수 없이 일하는 사람노 있다. 그것은 자신이 사장이거나 높은 연봉을 받더라도 상황은 마찬가지이다. 그러니 남들이 모두 가는 길이 아니어도 상관없다. 연봉이나 남의 시선에 대해서 생각하기보다는 얼마나 내가 원하는 일인지에 초점을 맞춰보자. 내가 원하는 일을 하면서 행복한 삶을 산다면 일도 더 열심히 잘할 수 있고, 연봉과 사회적 지위는 자연히 따라온다.

피겨의 여왕 김연아 선수가 이렇게 훌륭하게 되기 전까지는 피겨스케이팅에 대해서 국민의 관심이 많지 않았다. 사회적 시선 또한 마찬가지였다. 그러나 김연아 선수는 자신이 원하는 일을 하면서 사람들에게 피겨스케이팅에 대한 관심을 끌게 하였고 추운 나라의 스포츠라는 편견을 바꿔버렸다. 연봉은 말할 것도 없다. 직장인이 되지 않았지만 자신의 재능과 흥미를 살린 좋은 예이다. 김연아 선수도 직장인이 되었다면 지금처럼 인정받거나 세계적인 스타가 되지는 못했을 것이다.

내가 진정으로 원하는 것이 무엇인지를 생각해보는 시간을 갖는 것은 매우 생산적이며, 어떤 진전이나 결과가 없더라도 생각하는 것 자체가 가치 있는 시간이다. 시간과 장소에 구애받지 말고 자주 해보자.

2. 취업준비 전, 진로부터 정해라

우리는 살면서 진로, 취업, 결혼 등 여러 번의 갈림길에 서게 된다. 또는 난관에 부딪힌다. 선택은 왜 어려울까. 내가 원하지 않은 것을 선택해야 하거나, 원하는 것을 선택하지 못하거나, 어느 것을 선택해야 좋을지 모르기 때문에 선택은 어렵다. 취업 전, 우리가 생각해봐야 할 것들에 중에서 한 가지만 짚고 넘어가자.

일반적으로 고등학교를 졸업하거나 대학교를 졸업하면 곧 취업하게 된다. 사실 고등학교 때나 대학교 때부터 취업에 대해 생각을 하면서 지낸다. 취업 전이라도 드라마나 영화, 주변 사람들을 통해서 회사생활 및 사무실 분위기를 보고 들어서 알고 있다. 그리고 종종 내가 하고 싶은 일에 대해서도 생각해본다. 그러면 이 책을 읽기 전에 한 가지 꼭 생각했으면 하는 것이 있다.

진로에 대한 큰 방향을 먼저 정해야 한다. 내가 취업하고 싶은 곳은 어디인지. 어떤 일을 하고 싶은지. 세상에는 많은 종류의 직업이 있고 직장이 있다. 회사에 다니는 직장인일 수도 있고, 자영업을 하거나, 스포츠인, 연예인을 선택할 수도 있다.

그러나 대부분의 이 책을 읽는 취업준비생들은 기업에 취업하는 것을 목표로 할 것이라고 생각한다.

이 책은 일반적인 회사에 취업하는 것을 목적으로 작성되었으므로 그 외의 목표가 있다면 한번 점검해보길 바란다. 어떤 진로를 선택하든지 이 책은 분명 여러 가지로 도움이 될 것이다.

한 가지 더 말해주고 싶은 것은, 무조건 공무원이나, 직장인이 되는 것이 좋고 쉽고, 자연스러운 것만은 아니라는 것이다. 회사라는 조직이 나와 맞지 않을 수도 있고, 다른 것에 재능이 있을 수도 있다. 아직 취업하기 전이라면 꼭 시간을 들여서 꼭 생각해보자. 특히 취업에 번번이 실패했다면 나와 맞는 다른 길이 있는 건 아닐지 다시 한번 생각해보길 바란다. 내 인생의 중요한 방향을 결정하는 선택이기 때문이다. 나의 경우에는 한때 과학자, 조련사, 발명가, 선생님, 프로 장기기사, 바이올리니스트 등의 꿈을 꾸기도 했다. 지금도 역시 직장인에서 작가, 강연가라는 직업으로 전환하였다.

이렇게 생각해봐도 내 목표에 흔들림이 없다면, 또는 아무리 생각해도 회사에 취직하는 것 외에 특별히 생각나는 것이 없다면 앞으로는 내 미래에 대한 확신을 두고 회사취직을 목표를 갖고 같이 가보자.

앞에서 미래에 대해서 다시 한번 생각해보라고 한 이유는 첫째, 나중에 후회하지 않기 위함이며, 둘째, 진짜 나의 재능이나 흥미에 대해서 다시 한번 생각해보기 위함이다. 직장생활을 하다 보면 힘들거나 나랑 안 맞는 일을 하게 될 수도 있고 다른 일이 하고 싶다는 생각을 충동적으로 할 수도 있다. 그러나 미리 생각을 정리하고 간다면 '회사에 들어오기 전에 다른 일도 생각해볼 걸 그랬다'라고 후회하진 않을 거다. 이미 생각한 후에 결정했기 때문에 후회하더라도 조금 덜 힘들다.

앞에서는 내가 갈 길에 대해 어떤 선택을 하느냐에 따라 미래를 결정지을 수도 있다고 했다. 물론 그 말이 맞지만 그렇다고 너무 겁먹지는 말자. 어른들이 자주 이야기하는 '젊어서 고생은 사서도 한다.'는 원리와 비슷하다. 잘못된 길로 빠지는 것만 아니라면 내 평생의 길이 아닐지라도 지금의 선택이 분명히 좋은 경험이 되고 나에게 도움이 되기도 한다. 나 역시 작가가 되어 책을 쓰기 위해서는 이전에 경험했던 직장생활이 나에게 큰 도움이 되었다. 그러니 고민을 하며 취업을 미루거나 직업을 보는 눈높이가 너무 높아서 취업을 못 하는 일은 없도록 하자.

3. '취업준비'가 아닌 '일할 준비'가 된 인재를 뽑는다

우리는 종종 마치 '취업'이 최종 목적인 것처럼 생각하는 경향이 있다. 그런 취업준비생들을 많이 볼 수 있다. 그리고 실제로도 취업을 위한 준비는 하지만 그 후에 직장생활에 대한 관심은 크게 없다.

학교에서는 '진학', '시험' 또는 '졸업'을 목적으로 공부하기도 한다. 그러한 생각들이 계속 이어져서 '취업'에만 모든 초점을 맞춘다. 그러나 취업은 사회생활의 시작이고, 정말 작은 관문일 뿐이다. 실질적으로 기업에서 찾고 있는 인재는 취업조건에 맞춰져 있는 사람이 아니고 취업 후에 앞으로 일을 함께해나갈 사람을 뽑는 것이다. 그래서 서류전형과 시험뿐만 아니라 면접을 필수적으로 보고 있다. 그러니 나의 이력서 한 줄에 너무 치중하지 말자.

시험에 나오지 않는다고 공부하지 않거나, 취업조건에 들어가지 않는다고 준비하지 않는다면 곧 취업도 힘들어지게 된다. 이력서에 적을 수 있는 눈에 보이는 조건만 맞추지 말라는 뜻이다. 대신 회사 입장에서, 상사 입장에서 어떤 후배를 뽑고 싶을지 생각해보자. 군대에 다녀온 예비역들의 이해를 돕기 위해서 가까운 예를 하나 들어보자.

남성들은 일반적으로 군대에 다녀와야 한다. 이등병부터 일병, 상병을 거쳐 병장으로 전역하게 되는데 그러면서 많은 후임이 들어오고 선임들은 전역한다. 군대에 다녀온 사람은 알겠지만 내가 이등병일 때는 정확한 기준이 없었을 수 있고 크게 생각하지 않았겠지만 내가 분대장이 되거나 후임을 몇 번 받아보면 '어떤 후임이 들어왔으면 좋겠다.' 또는 어떤 후임이 더 예쁘고 정이 가는지에 대한 기준이 생기게 된다.

그저 능력 있고 일 잘하는 후임이 더 좋았는지, 일은 잘하지 못해도 나에게 호의적이고 잘 따르는 후임이 좋았는지 생각해보면 쉽게 알 수 있다. 사실 일을 하는 능력은 이등병이면 어차피 거기서 거기다. 군대에서의 업무는 사회와 많이 다르기 때문에 처음부터 배워야 한다.

아무리 사회에서 뛰어났던 친구들도 군대에 처음 오게 되면 모르는 것도 많고 밖에서 군대 지식을 많이 알고 왔다고 해봤자 크게 도움이 되기보다는 그걸 안다고 말하는 것이 선배의 눈에는 더 안 좋아 보일 수도 있다. 잘 모른다는 생각을 가지고 처음부터 배우려는 후임을 더 예뻐하게 되어있다. 아르바이트 경험이나 학과 후배들을 생각해봐도 이해가 쉽게 될 것이다.

회사에서는 취업 스펙보다는 회사에 들어와서 일을 잘할 수 있는 인재, 마음의 준비가 되어있는 인재를 원하기 때문이다. 그러니 앞으로는 회사생활을 어떻게 할 것인지에 대한 생각과 준비도 같이 해보자.

4. 선택과 집중!

우리가 서류전형을 준비하는데 필요한 시간이 보통 얼마정도 걸리는지 계산해보자. 상반기 공개채용 기간이 보통 3월에 있으니 3월 5일부터 3월 30일로 잡아보면 25일이라는 기간이 나온다. 이력서만 작성하는데 넉넉잡아 2시간 걸린다. 준비되어있으면 바로 작성하면 좋겠지만 숫자를 찾아 입력하고 사진을 넣고 하다 보면 시간이 다소 걸린다. 특히 과목명이나 과목별 성적을 쓰라는 기업은 더 오래 걸린다.

학기 초에 등하교하면서 수업 듣고 도서관에서 과제 하고, 밥 먹고 하는 시간을 제외하면 하루에 집중해서 준비할 수 있는 시간이 6시간을 넘기가 힘들다. 25일 동안 6시간씩 집중하면 150시간밖에 없다.

지금까지의 대학생활을 정리하고 자소서 초안을 잡는데 드는 시간은 제외하고 기업에 맞게 자소서를 작성하는 작업만 생각해보자. 이미 작성해둔 자소서 초안을 가지고 기업에 맞는 자소서 1개를 작성하는데 회사 홈페이지 들어가서 인재상과 질문을 확인하고 질문에 대한 답변 작성하고 첨삭해서 3시간이 걸린다고 가정해보자. 그러면 가고 싶은 기업 1곳에 지원하는 데 5시간이 걸린다고 가정해볼 때 정말 가고 싶은 곳이라면 6시간보다 더 걸린다. 보통 2~3일은 걸린다.

자소서의 초안을 쓰고 소재 거리를 찾아내는 데 오랜 시간이 걸리고 수준을 높이기 위해서 여러 번 써보려면 보통 20시간은 소요된다고 가정해보자. 그러면 150시간 중에서 20시간은 소요되고 기업 1곳에 지원하는 데 5시간씩 걸린다. 남는 시간 동안 서류전형만 한다고 하면 130/5 = 최대 26곳까지 지원할 수 있다.

그러나 이렇게 할 수 있는 지원자는 많지 않다. 그러므로 우리는 선택과 집중을 해야 한다. 서류전형에 많이 지원한다고 좋은 결과를 얻는 것은 아니다. 한곳에 얼마나 많은 시간과 노력을 들였는지, 그동안 어떻게 대학생활을 해왔고 어떻게 어필할 수 있는지에 따라서 결과가 달라진다.

이제는 정말 선택과 집중을 해야 한다. 지원하는 기업을 늘려서 여러 곳에 지원하면 한곳에 투자할 수 있는 시간은 줄어들고 합격확률은 더 낮아진다. 나의 경우에는 군대에서 업무를 하면서 취업준비를 하고 서류를 지원했기 때문에 준비할 수 있는 시간이 많지 않았다. 그런데 고민을 하다가 한 군데에만 지원하게 되었고 덕분에 한 곳에만 시간과 노력을 집중할 수 있었다. 어쩌면 그것이 합격 비결이었을 수도 있다.

여러 군데를 써야 한다면 지금 지원하는 기업의 자소서를 작성하면서도 다른 기업의 일정 때문에 계속 걱정이 되고 집중이 안 될 것이다. 너무 많은 곳에 지원하지 말고 정말 꼭 가고 싶은 곳에 지원하여 높은 수준의 자소서를 작성해보자. 하지만 나처럼 한 군데만 지원하는 것은 위험도가 상당히 높기 때문에 정말 자신 있는 경우가 아니라면 가고 싶은 몇 군데를 미리 정해서 써보는 것이 좋다. 그러면서 면접 준비도 틈틈이 해야 한다. 그리고 4월부터는 합격한 기업에 인적성검사가 시작된다. 인적성검사는 처음부터 준비하려면 오랜 시간이 걸리므로 서류전형 합격자 발표 후에 바로 시작한다.

만약에 자신이 가고 싶은 회사가 아니라면 혹시나 하는 마음에, 또는 불합격할까 봐 불안함에 여러 군데를 지원하거나, 가지도 않을 거면서 너무 많은 회사에 지원하고 시험을 보고 면접을 보지 않았으면 한다.

그동안 지켜보았던 학생들이 많은 회사에 지원한다. 물론 몇

십 개를 지원해서 거의 다 서류에서 불합격하는 경우도 있었고, 면접을 몇 군데나 보고 온 학생도 있었다. 여러 군데에 최종합격해서 마지막에 기업을 골라서 가는 학생도 본 적 있다. 물론 이번에 꼭 취업하고 싶은 마음도 이해하고 지푸라기라도 잡는 심정으로 여기저기 지원해보는 것도 안다.

선택과 집중과는 다른 이유로 부탁하고 싶은 것이 하나 있다. 혹시 생각이 바뀔지 모르니 일단 가고 싶은 곳 여러 개에 합격해 두고 골라서 가야겠다는 생각은 하지 않았으면 한다.

내가 원하는 곳에 합격할 거라는 보장도 없으니 여러 군데에 면접을 보게 되고 사람의 미래는 어떻게 될지 알 수 없고, 내 마음이 어떻게 변할지도 모르기 때문에 최대한 합격해 두려는 마음은 이해하지만 기업에서는 채용하고자 하는 인원수가 있고 필요한 만큼만 선발하기 때문에 신입사원 채용은 상대평가일 수밖에 없다. 상대평가라는 뜻은 정원이 초과하였을 때 내가 합격하면 누군가 1명은 불합격이 된다. 취업을 할 수 있는 실력이 되지만, 합격하고도 취업하지 않을 사람에게 밀려서 불합격한다면 얼마나 마음이 아픈가. 그것은 반대의 상황이 되어 보면 절실하게 느낄 것이다. 면접까지 와서 불합격하게 되면 다시 6개월 동안 직장생활을 못 한다는 것은 금전적으로 정신적으로 타격이 정말 크다. 면접에서 떨어진 다른 지원자들의 마음을 생각하면서 정말 가고 싶은 곳에만 면접을 갔으면 한다. 다른 지원자들에게도 큰 피해가 있지만 기업에서도 큰 피해를 본다. 채용 희망 인원은 100명인데 100명 중에서 10명이 나간다면, 그 공백은 기업에 피해가 될 것이다.

대학교 수능 정시는 3지망(가군, 나군, 다군)까지만 있어서 최대 3개까지만 지원이 되고 합격자가 등록하지 않을 때에는 후보자가 합격이 될 수가 있는데, 회사의 경우는 그렇지 않다. 한번 합격시켰는데 입사를 하지 않으면 면접에서 떨어진 사람을 부를 수도 없고 공백이 생긴 회사로서도 굉장한 손해이고 그 한 사람을 뽑기 위해서 많은 노력을 했는데 정작 합격한 사람이 오지 않으면 회사는 반년 후에 인재를 모집하려고 또 많은 노력과 비용을 투자해야 한다. 그리고 그러한 지원자들의 행동들은 같이 지원한 지원자들에게 뿐만 아니라 후배들에게도 안 좋은 영향을 줄 수가 있다. 면접에 합격하고 입사하지 않는 지원자들이 많아서 그것을 검증하기 위해 면접이 점점 까다로워지고 다시 취업준비생들의 발목을 잡게 된다. 그러한 통계는 다음의 채용에 영향을 줄 수가 있기 때문이다.

더이상 취업의 빈익빈 부익부가 양극화되지 않고 정말 가지 않을 회사라면 최소한 면접이라도 양보를 해서 정말 가고 싶은 사람이 합격할 수 있게 해주길 바란다. 그렇게만 해도 합격률이 훨씬 높아질 것이다. 그렇게 다른 지원자들에게도 합격할 기회를 주었으면 한다. 어쩌면 더 좋은 곳으로 취업하게 될지도 모른다.

한 가지 더 회사에 바라는 점은 최종 면접에서 떨어진 인재에게도 면접 시에 점수를 매겨서 수능처럼 후보를 발표하고 결원 발생 시 후보자의 입사 여부를 조사하여 인원 공백이 발생할 경우에는 다시 뽑는 것에 대해서도 생각해보았으면 한다.

그러면 많은 불합격한 지원자들이 합격할 수 있게 되고 회사 입장에서도 다시 6개월 후에 채용과정을 거치지 않고 그만큼 빨리 공백을 채울 수 있으며 유능한 인재를 채용할 수 있다고 생각한다. 그런 날이 빨리 와서 많은 지원자가 자신이 지원했던 기업에 더 많이 갈 수 있길 간절히 희망한다.

5. 우리가 취업해서 얻을 수 있는 효과

'누구나 취업을 하므로 나도 한다.'

'대학은 왜 가는가? 누구나 대학에 가기 때문에 나도 간다.'

이러한 생각은 행복한 직장생활을 하는 데 방해가 된다. 초등학교 때부터 고등학교 때까지 내가 왜 공부를 하고 있는지를 모른 채 공부만 한다면, 지식이 많은 바보가 된다. 내가 왜 직장생활을 하려는지, 직장생활이 내 인생에 뭐가 도움 되는지에 대해서 생각해보자.

경제적인 여유, 사회적인 지위, 넓은 인맥, 다양한 경험. 이는 취업을 했을 때 얻을 수 있는 것들이다. 그것을 잘 생각해보고 잊지 말자. 그 외에 다른 것들이 있다면 추가로 생각해보자. 부모님을 기쁘게 해드릴 수도 있고, 경력을 쌓거나 많은 것을 배울 수도 있다. 또 드물게는 필자처럼 책의 소재로 쓸 수 있다는 장점도 있을 수 있다.

이것을 생각했을 때 얻을 수 있는 효과는

(1) 우리가 취업하는 것에 대한 긍정적인 생각을 가질 수 있다.

(2) 일을 하면서 힘들 때 이겨낼 수 있다.

(3) 취업준비를 하는데도 큰 원동력이 될 것이다.

(4) 무엇보다도 자소서의 항목 중의 하나(지원동기)를 채울 수 있다.

(5) 우리가 이미 알고 있는 것을 다시 한번 생각 정리를 해보는 것은 의미가 있다. 생각 정리를 통해서 내 생각을 구체화, 정량화할 수 있다.

이렇게 좋은 효과가 있으니 취업준비 전에, 취업했을 때 얻을 수 있는 것을 꼭 생각해보자.

그런데 그게 없고 일이 너무 하기 싫으면 취업을 안 하게 된다. 그러나 일이 미치도록 하고 싶고 취업하고 싶다는 생각이 있으면 취업이 된다. 우리가 취업을 못 하는 이유는 일하기 싫다는 간절함이 너무 강하기 때문에 그게 이루어져서 취업이 안되는 것이다. 진심으로 미친 듯이 취업하고 싶다면 취업이 된다. 그러한 것들은 선배들의 선례를 봐도 알 수 있다. 일하기 싫어하는 사람들은 취업하기 힘들다. 취업도 하고 싶고 일도 하고 싶다는 생각을 가져라.

6. 취업하고 싶지만 취업준비는 하기 싫다

취업은 하고 싶지만 노력하고 싶지는 않다. 어쩌면 가장 큰 문제이고 근본적인 문제이다. 이것은 노하우가 필요한 것도 아니고 해결방법이 필요한 것도 아니다. 근본 문제는 나 자신에게 있기 때문이다. 그럴 때는 내가 얼마나 취업을 하고 싶은지, 얼마나 절실한지에 대해서 다시 한번 생각해보는 것이 꼭 필요하다.

내가 취업준비생들을 보면서 이런 문제를 많이 발견한다. 오랜 취업준비 기간을 거치다 보면 실패를 겪게 되거나 취업에 대한 의지가 꺾일 수도 있지만, 그것을 극복 해보자. 정확히 말하면 취업에 대한 의지가 없다는 것을 알아차려야 한다. 그러나 정말 중요한 것은 앞으로 소개할 방법이 아니라 본인의 마음가짐이라는 것을 명심해야 한다. 마음가짐만 있으면 방법은 크게 중요하지 않다.

취업준비가 하기 싫은지, 내가 얼마나 취업이 간절한지를 알고 싶다면 이렇게 생각해보자.

단계 1. 막연하게 '취업을 하고 싶다.'거나 '서류전형에 합격하고 싶다.'라기보다는 그것을 수치화해보자.

다음의 방법은 내가 취업하는 것이 얼마나 가치 있다고 생각하고 있는지, 나를 위해서 얼마나 돈을 쓸 수 있는지를 알게 해주는 방법이다.

내가 희망하는 기업에 당장 취업한다면 얼마의 가치가 있다고 생각하는가? 내가 취업할 때의 처지에서 생각을 해보면, 취업 결과를 미리 알 수도 있고 따로 준비하는 데 시간을 보내지 않아도 되고, 떨어졌을 때 5~6개월 정도 돈을 못 벌 수도 있기 때문에 700만 원 정도의 가치가 있다는 생각이 들었다.

처음 생각을 하면서는 300만 원 정도라고 생각을 했었다. 그런데 만약에 불합격한다면 400만 원을 내고라도 합격하고 싶을 것 같고 500만 원도 냈을 것 같고, 600만 원을 내라고 말했어도 냈을 것 같다는 생각이 들어서 금액을 조정했다. 이것처럼 실제로 상상을 해보자. 특히 한 번이라도 취업에 불합격해서 한 학기 동안 더 준비해본 경험이 있다면 바로 합격한다는 것의 의미와 가치가 얼마나 대단한 건지 크게 느껴질 것이다.

지금 생각한 금액이 여러분의 의지를 보여줄 수 있다. 물론 금액은 상대적인 것이고 개인의 특성에 따라서 다르겠지만 자신이 얼마나 취업과 서류전형에 대해서 생각하고 있는지를 파악할 수 있는 좋은 방법이다. 금액을 생각해보고 나처럼 점검의 시간을 가져보자. 이제 다음 단계로 넘어가 보자.

단계 2. 우리는 1단계를 통해서 취업이 얼마나 가치 있는지를 정했다.

실제로도 취업을 위해서 비용과 노력을 쓰고 있다. 내가 돈을 안 내고 한 번에 취업에 성공한 것만으로도 그만큼의 가치를 얻을 수 있다는 뜻이다. 자, 이번에는 한 단계 더 나아가 생각해서 3달 뒤면 합격자 발표가 난다고 가정해보자. 실제로 내가 이 질문을 했을 때 3,000만 원이라고 대답했던 취업준비생이 있었다.

그렇다면 이렇게 생각해보자. 본인에게 합격이 3,000만 원의 가치가 있다면 3개월의 준비를 통해서 3,000만 원의 가치를 벌어올 수도 있다. 3개월 동안 준비를 하면 1개월에 1,000만 원의 가치를 얻을 수 있다. 그런데도 취업을 위한 노력을 안 하겠는가? 1달에 1,000만 원을 벌 수 있는 일을 할 수 있는데 어떻게 하지 않을 수가 있나! 이렇게 구체적으로 계산을 해보면 취업준비를 할 수밖에 없다.

단계 3. 이번에는 구체적으로 계산된 가치를 가지고 나의 의지와 열정을 만들어내는 과정을 같이 해보자.

사실 단계 2에서 의지와 열정이 생겨야 한다. 그런데도 의지와 열정이 생기지 않았다면 나를 되돌아볼 시간이다. 진짜로 취업하고 싶은 것이 맞는지, 사회적으로 인정받고 싶은 것이 맞는지, 다른 것이 하고 싶은 것은 아닌지에 대해서 생각을 꼭 해봐야 한다. 그것마저 안 하고 취업하고 싶은 것이라면 큰 문제이다. 하고 싶은 마음은 있으나 노력할 생각이 없다는 것은 그렇게까지 절실하지 않다는 것이다.

한 번 생각해보자. 최초의 문제로 돌아가서 자소서에 작성할 경험이 떠오르지 않았을 때, 얼마나 열정적으로 오랫동안 생각했는지 되짚어보자. 그렇게 열정적으로 하지 않았을 것이다.

우리는 필요한 만큼의 열정을 쏟게 된다. 예를 한번 들어보

자. 어젯밤에 꿈을 꿨는데 꿈에서 복권 당첨번호 6개를 듣게되었다. 그런데 꿈에서 깨어보니 3개는 생각이 나는데 나머지 3개가 생각이 날듯 말 듯 할 때도 이 정도의 열정으로 기억할 것인가? 온종일 아무것도 하지 않고 그것만 기억하려고 할지도 모른다. 다시 꿈을 꾸려고 잠을 자거나 무의식을 꺼내보려고 몇 번이고 꿈을 다시 생각해볼 것이다. 그러다가 잘 생각나지 않으면 화가 나기도 할 것이다. 복권번호 역시 당첨이 될지 안 될지도 모르는 상황에도 번호를 기억하려고 이렇게 노력하면서 왜 취업의 당락을 결정지을 수 있는 자신의 경험을 기억해내는데 그 정도의 노력도 하지 않을 것인가?

취업 트레이너분들도 여러분들의 취업을 도와주려고 하겠지만, 그분들에게만 의지하면 안 된다. 첨삭을 받으러 가기 전에 자신의 경험을 생각해서 미리 적어두는 노력을 해야 한다.

돈을 사용해서 취업할 수 있다는 앞의 가정이 현실과는 다르고, 현실에서는 노력했더라도 불합격할 확률은 있다. 하지만 합격의 가치를 정확하게 파악하고, 나의 의지를 생각해보고 판단하는 과정은 정말 중요하고 나의 의지와 열정을 불러일으킬 수 있다. 오히려 불합격할 수 있는 불안감이 있어서 더 열심히 할 수 있게 된다. 노력하면 해당 기업에는 불합격할지라도 다른 기업에서 나를 원할 것이고 좋은 기업에 취업할 수 있기 때문이다.

그러나 이렇게까지 생각했는데도 해야겠다는 생각이 들지 않는다면 지금이라도 늦지 않았다. 대기업 취업이 유일한 길은 아니므로 다른 길을 생각해보는 것도 하나의 방법이다.

7. 그리 높지 않은 취업 장벽

취업하고 싶다면 너무 취업의 벽을 높게 생각하지 않았으면 한다. 취업의 벽을 높게 생각한다고 이로울 것은 없다. 취업은 실제로도 우리가 생각하는 것만큼 그렇게 기준이 높지 않다. 합격자를 둘러보거나 취업을 해보면 알게 되겠지만 선배들이 전부 다 엘리트이고 엄청난 능력을 갖춘 사람은 아니라는 것을 알게 될 것이다. 물론 그중에 능력이 뛰어난 사람도 있겠지만 그렇지 않은 사람들도 충분히 합격할 수 있고 현재 업무를 하고 있다.

가장 중요한 것은 너무 취업의 벽을 높게만 생각해서 시도도 해보지 않는다든지 불합격에 대한 불안함으로 거부감만 생기게 되면 스스로 큰 손해를 보는 것이다. 절대 그렇게 생각하지 말고 회사에서 제시하는 자격조건에 맞게 준비해보자.

나도 같은 생각이지만 기업에서는 정말 많은 지원자가 본인이 가고자 하는 회사에 합격하기를 간절히 바란다. 그러나 현실은 그렇지 못한 것이 너무 마음이 아프다. 그것은 정확한 정보가 없어서일 수도 있고 몇몇 회사에 지원자가 몰려서일 수도 있고, 회사에서 제시한 정보가 있는데 그것을 그대로 따르지 않고 믿지 않아서 생기는 문제도 있을 것이다.

나는 학생들에게 정확하고 올바른 정보를 쉽게 전달하고 싶다. 어떻게 지원하는지 몰라서, 무엇을 준비해야 하는지 몰라서, 취업에 관련된 것들을 학교나 어디에서 배운 적이 없어서 취업을 잘 못 하는 것은 개인적으로나, 국가적인 차원에서 너무 큰 손해이다.

지원자들은 이 책을 통해서 많은 도움을 받을 수 있다. 열정은 있지만 취업에 성공하는 법에 대해 잘 몰라서 방향을 잡지 못하고 헤매는 지원자들이 있다면 같이 방향을 잡아주고 취업을 할 수 있도록 하겠다. 합격과 불합격은 엄청난 차이가 있는 것이 아니고 누가 조금 더 열정이 강한지, 절박함이 있는지의 차이이기 때문이다. 능력이 많이 부족하더라도 절박함을 가질 수 있다면 충분히 합격할 수 있다고 믿는다.

아직 방향을 잡지 못하고 어려워하더라도 조금만 방향을 잡고 같이 노력하면 분명히 합격할 수 있으니 너무 어렵게 생각하지 말고 할 수 있는 것부터 차근차근히 해보자.

먼저 기업에서 어떤 것을 원하는지에 대해서 정확히 파악하고 나의 현재 상황을 글로 써보는 것이 좋다. 그것은 곧 이력서와 자소서에 도움이 되며 앞으로 나아가야 할 방향을 정하는 데 아주 효과적이다.

8. 그렇다! 세상은 불공평하다!

세상이 불공평하다고 생각되는가? 우리가 원하는 공평한 세상은 무엇인가? 노력하는 만큼 얻는 것? 그렇다면 우리는 충분히 공평한 세상에 살고 있다. 얼마나 노력해봤는가? 다만 불공평하다는 생각으로 노력하지 않는 것이 문제다. 우리가 세상이 불평등하다고 생각하는 이유는 노력하지 않고도 무언가를 쉽게 얻는 경우를 보았기 때문이다. 그러나 그것은 극소수일 뿐 크게 성공한 사람 중에는 자신의 노력으로 이룬 경우가 대부분이다.

얻고 싶은 것을 얻기 위해서 노력을 해야 한다. 언제까지 노력하지 않고 얻은 사람과 나를 비교하고 부러워하면서 살 수는 없다. 내 생명, 내 생각, 내 머리, 내 열정은 내가 노력하지 않아도 얻은 것이다. 이것을 잘 써먹어라. 내가 노력하지 않아도 얻은 것에 대해서 불평등하다고 하지 않듯이 내가 가지지 못한 것에 불평하지 않고 지금 가진 것을 잘 활용해보자.

나의 환경이 좋지 않음에 분노하지 마라. 대신 내가 변화하지 않는다는 것에는 극도의 증오를 느껴도 좋다. 현재에 최선을 다하고 변화하려고 노력하자! 이렇게 말하고 있는 나도 알고 있다. 세상은 공평하지도 않고, 평등하지도 않다. 나도 어렸을 때 그것을 느꼈고, 이를 바꾸고 싶어서 이 책을 쓰게 되었다.

내가 6살쯤 유치원에서의 일이다. 나와 내 친구는 유치원에서 싸웠다. 이미 싸우고 있을 때 선생님께서 들어오셨다. 그런데 분명히 같이 싸웠고 내가 특별히 잘못한 것이 없었는데 유치원생인 내가 느낄 수 있을 정도로 나에게만 유독 혼을 내셨다. 우리 집은 가정형편이 좋지 않았지만 그 친구는 경제적으로 여유 있는 가정의 아들이었다. 그 친구가 잘산다는 것은 모두가 알고 있는 사실이었다. 그 친구가 먼저 잘못을 했기 때문에 나는 억울함을 호소했지만 별다른 의미가 없었다.

그 사건을 통해서 나는 느꼈다. 세상은 불공평하다는 것을. 그리고 다짐했다. 다시는 싸우지 않기로. 그리고 더 강해지기로. 그 뒤로 그때의 그 순간을 기억하면서 능력을 갖추려고 노력했고 경제력을 갖기를 원했다. 비록 어린 나였지만 생각이 또래보다 많이 성숙했고, 그래서 남들보다 빠른 나이에 세상을 알게 되었다.

같이 싸웠는데 내가 더 혼났다는 것은 물론 나의 착각이었을 수도 있고, 내가 더 잘못했다고 생각해서 그랬을 수도 있지만, 어찌 됐건 나에게 세상의 불공평함을 가르쳐준 큰 사건이었다. 그 후로 더이상 불공평한 세상을 원망하지 않고 내가 능력을 갖추면 그럴 일도 없을 거라고 생각했다. 어린 나이에 세상을 알게 해준 그 사건에 지금도 감사한다.

취업준비에
필요한 마인드

1. 우리는 절대로 '을'이 아니다

지원자들이 꼭 알았으면 하는 것이 있다. 회사는 무조건 '갑', 지원자는 무조건 '을'이 아니다. 둘은 상대적인 관계이다. 물론 면접에서 회사는 지원자를 떨어뜨릴 수도 있고 합격시킬 수도 있지만 애초에 회사를 선택하는 것은 지원자였다. 또한 회사도 신규인력이 필요하고 그에 따라서 많은 돈을 내서 홍보도 하며 채용 프로세스를 위해서도 많은 투자를 한다.

회사가 지원자를 채용하지 못한다면 회사 입장에서는 더욱 큰 손해이다. 그래서 더 좋은 지원자를 뽑기 위해서 많은 노력을 하는 것이다. 오히려 회사는 직원을 뽑기 위해서 지원자보다 더 많은 시간과 비용을 투자한다. 그러므로 회사가 필요로 하는 지원자는 갑이 되는 것이다. 연애로 비유하면, 남자와 여자의 관계는 '갑', '을'의 관계로 고정된 건 아니지만, 매력이 많은 사람이 이성에게 인기가 많은 것처럼.

취업 또한 마찬가지이다. 좋은 기업은 당연히 인기가 많고 가고 싶어 하는 지원자들이 많을 것이다. 반대로 능력이 많은 지원자는 많은 회사로부터 좋은 평가를 받는 것일 뿐이다. 회사와 지원자와의 관계는 '갑'과 '을'처럼 고정적인 관계가 아니고, 얼마나 준비가 되었는지 아닌지로 결정이 되는 것이다.

즉, '갑'과 '을'의 관계는 지원자 스스로 만들어가는 것이다.

2. '정답'은 없다. 그러나 '오답'은 있다

이 책에도 많이 담겨있지만 자소서, 면접에 대한 일반적인 Tip과 가이드는 참고자료일 뿐이다. 절대적인 것이 아니다. 그러니 일반적인 Tip과 가이드를 맹신하거나 자신의 상황을 고려하지 않고 무조건 따라 해서는 안 된다. 참고는 하되 스스로 판단을 하여 말하고 행동해야 한다. 큰 틀은 바뀌지 않겠지만 세세한 부분은 어느 기업과 어떤 부서인지 상황, 시기, 분위기, 면접관의 특성 등에 따라서 Tip과 가이드는 달라질 수 있고 어떻게 사용하느냐에 따라서도 달라진다. 즉 방향이 정해져 있을 뿐, 시험처럼 정해진 답은 없다는 것이다. 내가 어떤 말을 하거나 행동을 했을 때 그것이 잘했다, 잘못했다를 정확하게 나눌 수는 없다는 것이다.

바둑이나 장기도 마찬가지이다. 어떤 수를 뒀을 때, 그것이 좋은 수인지, 나쁜 수인지는 그 수 하나만 가지고는 판단할 수 없다. 실수가 미끼로 작용할 수도 있고, 상대방을 방심하게 만들 수도 있다. 다음 수가 어떻게 이어지느냐에 따라서 결과는 달라질 수 있고 상대방이 누구냐에 따라서 달라질 수도 있다. 사자성어인 전화위복, 새옹지마처럼 지금 보기에는 좋은 답이라고 생각할지 몰라도 그게 안 좋게 작용할 수도 있다.

바둑, 장기에 많은 수가 있듯이 면접에도 많은 수가 있다. 그런데 면접에서 공통으로 중요하게 보는 것은 내용보다는 태도이다. 태도가 먼저 중요하게 작용하고 그 후에 내용도 의미가 있다는 것이다.

나는 주변에서 취업과 면접에 대한 질문을 받고 답변을 해주곤 한다. 친구와 취업 관련 이야기를 할 때였다. 친구는 면접을 앞두고 있던 때라 나에게 궁금한 점을 질문했고, 내가 답변을 해주었다. 친구는 계속 다른 질문을 하는데 그것에 대답하다 보니 결국 같은 답변을 하는 것을 발견했다.

친구: 면접에서 A라고 해야 돼? B라고 해야 돼?
나: A라고 해도 되고 B라고 해도 돼. 정답은 없어.
친구: 면접에서 C라는 말을 할까? 말까?
나: C라는 말을 해도 되고 안 해도 돼. 정답은 없어.
친구: 면접에서 D처럼 행동해야 돼? E처럼 행동해야 돼?
나: D처럼 행동해도 되고 E처럼 행동해도 돼. 정답은 없어.

친구의 다양한 질문에 대답하는데 내가 계속 같은 답변을 하고 있었다. 질문은 달라졌지만 모든 걸 종합해보면 어떤 것이 맞고 어떤 것이 틀리냐는 질문이었고 나는 정답은 없다고 대답하고 있었다. 친구가 실제 나에게 했던 질문은, 면접장에 들어가면서 소리 내서 인사를 해야 하는지, 말없이 인사만 하고 들어가야 하는지를 물어보았다. 전반적인 이야기를 해주고 난 후에 이것도 맞을 수 있고 저것도 맞을 수 있다고 이야기를 했다.
인사는 어떻게 해도 상관은 없고 인사방법에 따른 점수의 차이도 크게 없으나 다만, 어떻게 행동하든 그것은 잘못된 것이 아니며, 자신의 말이나 행동에 확신을 갖고 행동하면 된다. 인사를 소리 내서 하든, 허리만 숙여서 인사를 하든, 내가 하는 행동에 소신껏 자신 있게 한다면 분명히 면접관들은 좋게 평가할 것이며, 오히려 이것이 맞는 건지 틀린 것인지에 대해서 고민을 하며 인사를 한다면 그 어떤 행동을 하던 면접관의 눈에는 고민하는 표정이나 어색한 분위기가 보일 수밖에 없고, 안 좋게 평가될 수밖에 없다고 설명해 주었다.

그런데 그 친구의 입장에서는 그러한 의미가 잘 와 닿지 않았는지 그 후에도 여러 질문 중 하나를 골라달라는 질문을 했고, 내가 어떤 것을 고르면 그것은 정답이고, 고르지 않은 것은 틀린 것으로만 생각하는 것이었다. 그러나 그것은 내가 의도하는 방향이 아니다. 나는 친구의 질문에 대해서 둘 중에 나랑 맞는 것 하나를 선택했고 내가 실제로 그렇게 행동했었지만 그렇다고 다른 것이 틀린 것은 아니라고 이야기를 해주었다.

그런데도 그 친구는 계속해서 다음 질문을 했고 그 질문 역시 어떻게 해야 하냐는 것이다. 그 질문도 대답을 자세히 해주었다. 모두가 만족할 수는 없고 사람마다, 상황마다, 어떻게든 달라질 수 있고 정답은 없다고 이야기를 해주었다.

이러한 이야기를 하면서 느낀 점이 있다. 많은 취업준비생이 학교에 다니며 시험과 평가에 익숙해지다 보니, 정답을 찾아내는 데에 초점을 두고 있는 것을 발견했다. 물론 올바른 선택을 하려는 것도 좋고 미리 방향을 선정해두는 것도 좋지만, 문제는 선택하지 않은 것들을 틀렸다고 생각한다는 점이다. 비록, 내가 선택하지 않았고 내가 하지는 않을지라도 그것을 틀렸다거나 더 안 좋은 것이라고 단정할 수는 없다.

나한테 맞는 직업, 나한테 맞는 인사, 면접 자리에 맞는 복장이나 인사는 있을 수 있지만 그것마저도 정답은 아니다. 누군가 정답을 정해두지 않았고 오히려 내가 말해준 답과 반대로 생각하는 면접관도 있을 수 있다.

일부 면접관은 '왜 들어오면서 소개도 하지 않고 들어오냐'고 생각할 수도 있고, 어떤 면접관은 '다 아는데 왜 소개하냐'고 할 수도 있다. 이러한 예는 면접이 아니더라도 많이 찾아볼 수 있다.

나는 다른 사람들에게 취업에 관해서 설명할 때 여자와 남자의 관계, 즉 연애하는 것에 자주 비유하곤 하는데, 어떤 여자는 착한 남자를, 또 어떤 여자는 나쁜 남자를 좋아하기도 한다. 어떤 여자는 날씬한 남자를, 또 어떤 여자는 살이 있는 남자를 좋아하기도 한다. 그렇다고 모든 여자의 눈에 좋게 보이기 위해서 모든 것을 전부 맞출 수는 없다. 날씬하면서 살집이 있을 수는 없다.

또 날씬한 것은 정답이고 살집이 있는 것을 틀렸다고 할 수는 없다. 너무 극단적인 것은 안 되지만 어느 정도 범위 안에서는 다양하게 허용이 된다. 내 생각에는 여자들이 살이 있는 남자를 좋아할 거라고 생각해서 살을 찌웠는데 날씬한 것을 좋아하는 여자는 나를 맘에 안 들어 할 수도 있다.

면접 역시 다를 바가 없다. 같은 면접자에 대해서도 면접관마다 다른 생각을 할 수도 있고, 평가도 제각각이다. 저마다 기준이 있기 때문이다. 너무 부족하거나 너무 과하지 않다면 어떤 것도 답이 될 수가 있고 면접관이 예상했던 대답이 아니더라도 좋은 결과를 가져올 수 있다. 그러니 내 기준으로만 생각하지 말고 너무 겁먹거나 정답과 맞추려는 것에만 초점을 두지 말자.

면접을 준비할 때 많은 예상 질문을 뽑아보고 그에 대해서 답변을 하는 연습을 해야 한다. 그것은 내가 추천하는 최고의 연습 방법이다. 그러나 여기에서 주의해야 할 점이 있다. 우리가 연습해야 할 것은 '말을 하는 연습'이므로 올바른 정답을 찾고 외우는 것에만 초점을 두지 말자.

어떤 질문이 나올지를 생각해서 모든 예상 질문에 대해 대비를 하는 것은 불가능하다. 예상답변을 전부 기억할 수도 없고 우리는 그렇게 준비할 시간이 많지도 않다. 또 외우는 것이 가능할지라도 외웠던 것이 정답은 아니기에 그것만으로 합격하기는 힘들다. 예를 들어서 영어 말하기 시험을 보는데 모든 예상문제에 대한 답을 영어로 외워서 할 수만 있다면 정말 좋다. 어떠한 문제가 나와도 대답할 수 있기 때문이다.

그러나 영어 실력 자체를 키운다면 문제 각각에 대해서 준비를 하지 않았더라도 매우 높은 수준의 답변을 할 수 있다. 다시 한번 말하지만 우리가 준비해야 할 것은 '말을 하는 능력'이다. 우리가 영어 실력을 키우는 것처럼 면접 실력, 한국어 말하기 실력도 키워야 한다. 왜 영어는 열심히 공부하면서 한국어 말하기연습은 하지 않을까?

굳이 준비하지 않아도 된다고 생각하기 때문이다. 그러나 면접에서 말을 잘하지 못하는 사람이라면 반드시 연습해야 한다. 그리고 연습을 하면 더 자연스럽고 유창하게 잘할 수 있다. 진짜 취업이 간절하다면 한국어 말하기연습을 해보자. 생각보다 어렵지 않고 조금만 해도 금방 잘할 수 있다. 그 조금만큼도 하지 않기 때문에 면접에서 잘하지 못하는 것이다.

현실적으로 생각해보자, 내가 얼마나 한국어 말하기연습을 하는지.

정말 열심히 했는데도 실력이 나아지지 않는다면 직접 컨설팅을 요청하는 메일을 보내도 좋다. 대신 최선을 다한 후여야 한다.

'오답'은 있지만 '정답'은 없으니 정답만 맞히려 하지 말고 꾸준히 연습하고 최선을 다해보자. 독자들 모두 잘할 수 있으리라 믿는다.

3. '쓸데없는 것'에 열정 쏟지 말자

정신적인 위안이 우리에게 줄 수 있는 효과는 크지 않다. 시험에 떨어졌을 때 필요한 것은 술이나 주변의 위로가 아니며 비장한 각오와 계획, 실질적인 연습과 준비이다. 술을 마시며 잊어버리거나 주변의 위로를 받는다고 달라질 것은 없다. 오히려 그것을 술로 잊어버리거나 아무것도 아닌 것처럼 생각해버린다면 각오를 다지고 새로 시작할 기회를 잃어버리는 것밖에 안 된다.

또한 앞에서 '쓸데없는 것'이라는 것들은 실제로 무언가를 준비하는 것이 아닌, 정신적으로 위안이 되거나 마치 취업에 도움이 되는 행동을 한 것처럼 죄책감만 줄여주는 것들을 이야기하는데 예를 들면 공부하지 않으면서 도서관에 가서 자고 오거나, 공부하지 않을 영어책을 여러 권 구매하는 것이라든지, 영어로 된 드라마나 만화를 보면서 한글 자막만 읽고 아무런 효과를 못 보는 것, 미신에 의존해서 의미 없는 것에 돈 들이고 시간 들이는 것 등은 하지 말자.

어떻게 보면 정신적인 위안을 통해서 마음을 잡는 데 도움이 된다고 생각할 수도 있다. 그러나 오히려 그러한 것들 때문에 진짜 준비를 할 시간을 빼앗기거나 '쓸데없는 것'에 의존해서 실질적인 준비를 덜 하게 되기도 한다.

추가로, 쓸데없는 것은 아니지만 실질적인 준비를 방해하는 것들도 있다.

나도 종종 고등학교 때 시험성적이 나오고, 공부하기로 마음먹으면 첫날은 항상 계획을 거창하게 세운다. 그리고는 '오늘은 계획을 세웠으니 하루쯤은 쉬어도 되겠지.'라고 생각하고 오히려 다른 날보다 더 공부를 안 한다. 그리고 그다음 날에는 '어제 계획 세웠는데 하루쯤은 쉬어도 되겠지.' 하며 역시 공부를 하지 않는다. 그다음 날 역시 '공부 초반부터 너무 무리하면 오히려 역효과가 생긴다.'고 생각하며 의도적으로 조금만 한다. 그러다 며칠 후에 아무것도 하지 않는 나를 발견하고는 다시 마음을 잡고 새로운 계획을 세운다. 그리고는 또 '오늘은 계획을 세웠으니 하루쯤은 쉬어도 되겠지.'라고 생각한다. 마음먹은 것을 했으니 공부하지 않아도 된다고 생각하면 공부에 방해가 될 뿐이다.

'오늘은 아르바이트를 열심히 했으니까 어쩔 수 없어. 이것도 사회 경험이잖아.'

'어제는 친구 결혼식에 가서 늦게까지 놀아서 어쩔 수 없었어.'

'오늘은 책을 많이 샀으니 충분해. 첫날부터 무리하면 금방 지칠 거야.'라고 생각하기 쉽다. 이것은 나 역시 했던 생각들이다. 그런 생각이 드는 것도 이해는 한다. 그러나 그런 생각들은 오히려 준비를 못 하게 만든다. 그것으로 정신적인 위안으로 삼지 말자. 나중에 더 큰 정신적 충격으로 다가올 것이다.

그것보다 더 나쁜 것은 몸은 놀고 있으면서 머릿속으로는 '아, 취업준비해야 하는데 놀게 생겼네. 어떡하지……' 하면서 계속 걱정하는 것이다. 그러면서 날마다 취업준비에 대한 스트레스를 받는 경우이다. 정말 그것이 걱정되고 싫다면 확실하게 준비하거나, 그게 싫다면 편하게 놀자. 그리고 다시 분노해서 준비하면 된다. 나 역시 딱히 하는 것 없이 시간을 보내면서 마음속으로는 준비해야 한다는 생각을 하면서 스트레스를 많이 받았는데 전혀 도움이 안 되었다.

그것보다 더 나쁜, 가장 나쁜 한 가지가 있다. 친구가 놀자고 하는 것을 거절해놓고 책상에 앉아서 공부는 하지 않고 계속해서 '아까 놀자고 할 걸 그랬나. 괜히 안 간다고 했나. 다시 한번 연락해볼까?'하는 것처럼, 거절은 했는데 공부도 안 되고 놀지도 못한 최악의 경우가 있다. 그렇게 아무것도 안 하고 시간을 보내고는 나중에 '저번에는 거절하고 공부했으니 이번에는 놀아도 되겠지.'라고 위안으로 삼으며 또다시 놀게 된다. 그럴 거면 차라리 놀아라. 확실히 놀고 나서 제대로 준비하자.

이것과 관련해서 만들어낸 퀴즈가 있다.

취업을 준비하는 A와 B가 있다. 누가 더 좋은 결과를 받을까?
- A는 하루에 6시간을 논다. 아침, 점심, 저녁을 먹는 시간을 빼고는 놀기에 바쁘다. 하루 동안 6시간을 놀고 남는 2시간 동안 취업을 준비한다.
- B는 바쁜 일상을 보낸다. 바쁜 와중에도 2시간 정도는 남는다. 이것저것 하다 보면 시간이 없어 남은 시간 동안에 1시간은 놀고 남는 1시간 동안 취업을 준비한다.

하루에 6시간이나 노는 A가 좋은 결과를 받는다. 왜 이런 일이 벌어졌을까?

단순하게 하루에 2시간을 취업준비한 A가 하루에 1시간 취업준비한 B보다 좋은 결과를 받게 되는 것이다. 취업은 우리가 얼마나 많이 노느냐로 결정되는 것이 아니다. 얼마나 준비를 하느냐에 따라 달라진다. 놀든 안 놀든 준비를 안 하면 결과는 똑같다. 즉, 준비하면 점수가 오르고, 놀면 점수가 깎이는 것이 아니다. 오직 준비한 총량이 많을수록 합격에 가까워진다.

우리의 몸은 건강한 상태를 유지하기 위해서 우리가 먹은 만큼 이상의 열량을 소모하기 위해서 운동을 열심히 하고 먹는 음식량도 줄여야 한다. 운동을 열심히 했어도 음식을 많이 먹어서 열량 흡수량이 많아지면 열량이 몸에 쌓이게 된다. 그러면 체중조절에 실패할 수가 있다. 그러나 취업준비는 다르다. 절대로 체중조절이나 돈을 벌고 쓰는 것처럼 노는 것이 취업준비에 무조건 방해가 된다고 생각하지 말자.

취업준비를 해서 실력이 쌓였는데 놀았다고 실력이 없어질까? 그렇지 않다. 노느라 취업준비를 못 하게 되면 당연히 실력이 쌓이지 않겠지만, 틈틈이 취업준비를 한다면 그 시간만큼 실력이 쌓이게 된다.

내가 정말 취업준비를 해야 한다면 미리 주변에 이야기하자. 그러면 친구들도 자주 놀자고 먼저 이야기하지 않을 것이다. 그리고 거절도 더욱 쉽게 할 수 있다.

4. 결과 없는 성취감은 '물로 배를 채우는 것'이다

우리는 단순히 성취감을 위해서 무언가를 하곤 한다. 펜을 비싼 것도 써보고, 명문대학교 학생들이 쓴다는 노트도 써보고, 책장에 책도 진열해보고, 남들에게 자랑도 해본다. 매우 뿌듯하다. 그러나 실력은 아직 늘지 않았다. 도서관에 가는 것만으로는 실력이 늘지 않는다.

내가 하는 행동이 실질적인 실력에 도움이 되는지를 생각해보자. 성취감이 들도록 하는 행동을 하면서 실력과 멀어지면 안 된다. 성취감이 거부감을 없애주고 공부를 하는 데 도움이 된다면 좋지만 실력을 반감시킨다면 해서는 안 된다.

물로 배를 채우는 것은 일시적으로 배가 부를 수 있지만 금방 사라지는 것이며 나의 에너지에 도움이 안 된다. 물은 영양가 있는 음식을 먹었을 때와 비슷한 기분을 느끼게 해주지만 사실 0kcal이다. 음식물이 들어가야 할 공간에 물이 가득 차 있다면 음식물을 추가로 섭취하기 힘들어진다. 취업도 마찬가지다. 결과 없는 성취감으로 헛배를 채우지 말자.

그러면 물이 아니라 음식으로 배를 채우는 방법에는 어떤 것이 있을까? 도서관에만 갈 것이 아니라 전공 서적을 읽고 온다든지 실질적인 것을 해야 한다. 명문대생의 공부노하우를 적용해 봐야 한다.

　취업에 실질적으로 필요한 취업준비를 해야 한다. 서류전형은 이력서와 자소서를 말하고 인적성검사는 보통 대기업과 공기업에서 주로 시행하고 있다. 면접은 실전 면접에 대비하는 연습을 해야 하며, 신체검사는 따로 준비할 내용은 없다.

　취업 프로세스에 있는 내용을 기본으로 준비하는 것이 필요하다. 취업준비를 하면서 앞의 취업 프로세스에 필요한 내용인지? 효율적으로 준비하고 있는지를 생각해보면서 더 중요하다고 생각되는 준비를 먼저 하자. 준비하기는 쉽지만 별로 덜 중요한 것보다는 어렵고 부담스럽더라도 더 중요한 준비를 먼저해야 합격할 수 있다.

　지금 당장 할 수 있는 취업준비로는 자소서, 이력서 작성과 면접 준비가 있다. 이것은 누구라도 해야 하기 때문에 세 개를 먼저 해보자. 그 뒤에 다른 능력이 필요하다고 생각이 되면 그 때 준비하는 방향이 맞다. 이러한 과정 없이 영양가 없는 성취 감만 채우면 시간과 돈을 비효율적으로 쓰기 때문에 실질적인 것을 놓치게 된다.

5. 통계의 장난

우리가 스펙을 준비하는 모습을 한번 살펴보자. 또 우리가 특정 스펙을 준비해야 한다고 생각하게 된 원인을 살펴보자. 예전에 한 번 취업에 관한 책자를 읽고 깜짝 놀랐던 적이 있어 서 각색해서 만들어 본 사례이다.

A는 부자가 되고 싶었다. 그래서 부자가 된 사람의 공통점을 알아보았다. 그러던 중 알게 된 사실은 부자가 된 사람들 10 명 중 7명은 '강남에 땅을 샀다.'는 통계를 얻게 되었다. 그래서 A는 돈을 모아서 강남에 땅을 샀다. 그런데 땅값이 오르지도 않았고 부자가 되지 않았다. 그래서 다시 알아보니, 7 명의 부자는 강남에 땅을 사서 부자가 된 것이 아니었다. 단순히 통계적으로 부자이기 때문에 돈이 많아서 강남에 땅을 산 것이지, 강남에 땅을 샀기 때문에 부자가 되었다고 할 수는 없었다. A는 후회했지만 이미 늦었다.

앞의 사례는 취업준비생들의 사례를 각색한 예시이다. 일반적으로 통계는 믿을 수 있는 중요한 근거이고 오차가 매우 적지만 통계 결과만을 가지고 원인과 결과를 연결 짓기에는 무리가 있다. 우리는 통계에 대한 내용을 신뢰할 필요는 있지만 정확한 판단을 해야 한다.

취업준비생이 자주 실수하는 통계에 근거한 스펙 쌓기를 알아보자. 토익점수 없는 것보다는 있는 것이 좋고 낮은 것보다는 높은 것이 좋지만 그것은 토익이 아니고 그 어떤 것이라도 마찬가지이다.

앞의 사례처럼 대부분 취업 합격자들의 평균 토익점수가 높은 것은 사실이다. 취업에 합격한 사람들은 합격을 위해서 이것저것 많은 것을 준비했다. 취업준비를 열심히 하다 보니 자격증도 많고 경험도 많고 학과성적도 높고 면접 준비도 잘 되어있고 또 높은 토익점수도 그중에 하나의 특징이 될 수 있다. 그렇게 전반적으로 다른 지원자들보다 뛰어난 경우가 많다. 토익점수에 초점을 맞춰서 본다면 토익 공부를 하지 않은 사람보다 높은 것은 사실이지만 전체적인 역량과 능력을 볼 필요가 있다. 합격자들의 평균 토익점수가 높다고 해서 그 말이 높은 토익점수가 합격을 보장해준다고 정의할 수는 없다.

다른 스펙을 포함한 토익점수도 취업에 도움을 줄 수는 있지만 기업에서 토익점수를 필수스펙으로 명시하고 있지 않은 경우에는 토익을 필수스펙으로 생각해서는 안 된다.

실제로 삼성그룹에서는 토익성적을 작성하는 칸을 없앴다.

그만큼 기업에서 '토익성적이 영어 실력을 말해주지 않는다고 생각한다는 것'을 의미한다. 우리가 해야 할 것은 그러한 흐름을 파악하고 그것에 따라서 준비를 하는 것이다. 그렇다고 토익이 불필요하다는 뜻이 아니다. 내가 가려는 기업에서 어떤 조건을 원하는지 알아보고 준비를 해야 시간 낭비를 줄일 수 있다는 뜻이다.

다음의 각색된 사례를 통해서 우리가 그동안 통계로 접해 왔던 것들, 당연하게 생각했던 것들에 대해서 다시 한번 살펴 보자.

일반적인 대기업 B의 사무직에 합격한 사람들의 통계를 분석 해보았더니 합격자의 키가, 전체 지원자들의 평균 신장보다 남자는 7cm / 여자는 4cm 정도 작았다. 그리고 이 사실은 많은 취업준비생에게 알려지게 되었다.

앞의 사례를 보면 어떤 생각이 드는가? 혹시 기업에서 '키가 작은 사람을 뽑는구나!'라는 생각이 자연스럽게 드는가? 그리고 앞의 대기업에 들어가기 위해서 키를 작게 만들 것인가?

원하는 답은 '그렇지 않다는 것'이다. 단순히 통계적으로 키가 작을 수는 있다. 그러나 그것은 우연히 그런 결과가 나온 것일 뿐 키가 작다고 합격을 시킨 것은 아니라는 것이다. 물론 저러한 결과를 광고나 언론을 통해서 본다면 믿음이 갈 수도 있고, 주변에서 다들 토익을 준비한다면 나도 해야 할 것 같은 불안한 마음이 들 수도 있지만 단순히 통계가 아닌 기업에서 필요하다고 하는 스펙을 정확히 파악해서 준비해야 한다. 기업 홈페이지에 들어가는 것을 망설이지 말자.

한 가지 더 통계의 함정에 관해서 이야기해보자. 이 내용은 내가 실제로 본 내용이다.

실제로 유명 취업사이트에서 해당 기업의 합격자 스펙을 조사 했다. 합격자 9명의 토익성적 평균성적을 보니 900점대로 조사되었다.

이 자료는 합격자들의 통계를 낸 결과이므로 어느 정도 객관 성을 갖고 믿게 된다. 그러나 통계의 이면에는 보이지 않는 함 정이 있었다. 내가 직접 분석했던 사례를 보자.

합격자 9명 중에 토익성적 보유자는 단 2명뿐이었고 나머지 7명은 토익성적조차 없었다. 그리고 평균성적에 놀라서 실제로 스펙 표를 봤더니, 9명 중 7명을 뺀 2명의 평균을 낸 결과였다. 그 2명은 800점대 후반과 900점대 초반의 성적을 갖고 있었다. 그런데 합격자 9명의 평균 토익성적은 900점대로 쓰여 있었다. 일반적인 평균값이라면 합계를 총원 9명으로 나누어야 하지만 성적제출자 2명으로 나누어져 있었다. 9명 중 7명을 뺀 2명의 토익성적 평균을 본다면 마치 취업을 하기 위해서는 토익성적 이 필수인 것으로 잘못 해석할 수도 있을 것이다.

그리고 토익점수가 높아야 합격할 수 있다고 판단할 수도 있다. 토익 공부를 하는 것은 문제가 아니다. 다만 토익 공부만 해서는 오픽이나 토스의 성적을 요구하는 기업에 취업하지 못한다는 것이 문제. 토익성적을 필수요건으로 제시하지 않은 기업에 지원할 계획이라면 토익 공부를 하느라 정작 필요한 준비를 못 하게 되어 취업도 어려워진다. 통계를 정확히 파악할 필요가 있다. 통계는 목적과 분석 방향에 따라서 전혀 다르게 해석될 수 있다.

우리가 통계에 대해서 착각하기 쉬운 이유가 한 가지 있다. 통계에서 유도하고 있는 방향에 대해서 크게 의심하지 않고 따라간다는 점이다. 특히 여러 사람이 하는 행동은 나도 해야만 한다고 생각하기 쉽다. 그리고 소신 있는 면접관, 인사담당자들이 취업하는데 스펙이 차지하는 비중이 작다고 이야기하면 그것에는 귀 기울이지 않는다. 주변의 친구들이 스펙을 위해서 노력하고 있으므로 면접관, 인사담당자들이 직접 하는 이야기임에도 불구하고 와 닿지 않게 된다. 내가 듣고 싶은 대로 듣기 쉽고 생각하고 싶은 대로 생각하기 쉽다. 그러한 함정에서 벗어나야 하며 현실을 빨리 파악해야 한다.

기업 홈페이지를 들어가 보자. 인터넷에 검색할 때, '기업명'에 '채용'을 덧붙여서 검색해보자. 채용에 대해서 안내해주는 사이트에 들어가서 직접 확인해보자.

6. 내가 가고 싶은 회사의 지원 자격을 알아보자

- 실제 회사 홈페이지에서 찾아라

취업준비생을 만나서 이야기를 해보면 취업준비를 하고 있지만 정말 중요한 지원 자격조차 모르는 경우가 많다. 그래서 지원 자격이 안 되어서 지원도 못 하는 경우도 보았다. 휴학하고 1년을 준비했는데 지원 자격에 미달하여 지원하지 못한다면 너무 억울하다.

지원 자격은 이렇다.

(1) 2019년 2월 이전 졸업예정자 또는 기졸업자(즉, 마지막 학기)
(2) 영어회화성적 보유하신 분(오픽, 토스, 토익 등 어학성적)
(3) 군필 또는 군 면제자
(4) 해외여행에 결격사유가 없는 자

대부분 앞의 4가지를 지원 자격으로 두고 있다.

그리고 (5), (6)을 지원 자격으로 두는 곳도 간혹 있다. 그런데 그것 또한 많이 변하는 추세이기 때문에 직접 희망하는 기업 홈페이지에 들어가서 채용공고와 지원 자격을 확인해봐야 한다.

(5) 학교성적 3.0/4.5 또는 3.5/4.5
(6) 특정 학과 및 계열 전공자

대학교를 정상적으로 졸업하고 지원하는 취업준비생이면 (1) 은 모두가 해당할 것이고, (3)은 남자에게만 해당하는 사항인데 면제판정을 받았거나 군대를 다녀왔다면 크게 어렵지는 않을 것이다. (5)와 (6)은 많이 축소되는 추세여서 따로 분류해 두었다. (4)는 해외에 나가는데 결격사유가 없는지에 대한 내용이다. 여기서 '해외여행에 결격사유가 있는 자'는 대체로 범죄 경력을 묻는 말이다.

출입국관리법은 이렇다.

제4조(출국의 금지)

(1) 법무부장관은 다음의 어느 하나에 해당하는 국민에 대하여는 6개월 이내의 기간을 정하여 출국을 금지할 수 있다.
　① 형사재판에 계속(係屬) 중인 사람
　② 징역형이나 금고형의 집행이 끝나지 아니한 사람
　③ 대통령령으로 정하는 금액 이상의 벌금이나 추징금을 내지 아니한 사람
　④ 대통령령으로 정하는 금액 이상의 국세·관세 또는 지방세를 정당한 사유 없이 그 납부기한까지 내지 아니한 사람
　⑤ 그 밖에 ①부터 ④까지의 규정에 준하는 사람으로서 대한민국의 이익이나 공공의 안전 또는 경제질서를 해칠 우려가 있어 그 출국이 적당하지 아니하다고 법무부령으로 정하는 사람
(2) 법무부장관은 범죄 수사를 위하여 출국이 적당하지 아니하다고 인정되는 사람에 대하여는 1개월 이내의 기간을 정하여 출국을 금지할 수 있다. 다만, 다음에 해당하는 사람은 그 호에서 정한 기간으로 한다.
　① 소재를 알 수 없어 기소중지결정이 된 사람 또는 도주 등 특별한 사유가 있어 수사진행이 어려운 사람: 3개월 이내
　② 기소중지결정이 된 경우로서 체포영장 또는 구속영장이 발부된 사람: 영장 유효기간 이내
(3) 중앙행정기관의 장 및 법무부장관이 정하는 관계 기관의 장은 소관 업무와 관련하여 (1) 또는 (2)의 어느 하나에 해당하는 사람이 있다고 인정할 때에는 법

무부장관에게 출국금지를 요청할 수 있다.

(4) 출입국관리공무원은 출국심사를 할 때에 (1) 또는 (2)에 따라 출국이 금지된 사람을 출국시켜서는 아니 된다.

(5) (1)부터 (4)까지에서 규정한 사항 외에 출국금지기간과 출국금지절차에 관하여 필요한 사항은 대통령령으로 정한다.

[전문개정 2010. 5. 14.]

지금까지 (1), (3), (4)는 무난히 지원조건에 맞았지만 (2)는 영어회화성적 보유하신 분(오픽, 토스, 토익 등 어학성적)의 자격조건에 대해서는 따로 준비해야 한다. 영어 성적에 대한 자세한 것은 14번 목차에서 있다.

또 채용 결격사유로는 다음에 해당하는 사람을 기업 자체적으로 정해두기도 한다. 채용공고에 쓰여 있지 않더라도 적용하는 기업이 많다.

1. 피성년후견인과 피한정후견인
2. 파산자로서 복권되지 아니한 사람
3. 금고 이상의 형을 받고 그 집행이 끝나거나 집행을 받지 아니하기로 확정된 후 3년이 지나지 아니한 사람
4. 금고 이상의 형을 받고 그 집행유예기간이 끝난 날부터 1년이 지나지 아니한 사람
5. 금고 이상 형의 선고유예를 받고 그 선고유예기간 중에 있는 사람
6. 징계면직의 처분을 받고 2년을 지나지 아니한 사람
7. 「병역법」에 따른 병역을 기피한 사람
8. 신체 또는 정신상의 장애로 직무를 감당할 수 없다고 인정되는 사람
9. 자격상실 또는 자격정지의 형을 선고받고 그 자격이 상실 또는 정지된 사람
10. 「부패방지 및 국민권익위원회의 설치와 운영에 관한 법률」 제82조제1항에 따른 비위면직자로서 같은 법 제82조제2항에 따른 기간이 지나지 아니한 사람

7. 면접에서 할 수 있는 만큼만 자소서에 써라

'자소설'이라는 말이 생겼다. 서류전형에 합격부터 하겠다는 생각으로 능력을 넘어선 이야기를 하거나 본인의 이야기가 아닌 내용을 마치 소설처럼 창작해서 적은 자소서를 말한다. 취업의 첫 번째 프로세스인 서류전형부터 합격하기가 정말 어려워서 이런 현상들이 생기게 되었다. 하지만 오히려 면접에서 할 수 있는 만큼만 자소서에 쓰라고 말하고 싶다.

그러려면 내가 면접에서 얼마나 잘할 수 있는지를 알아야 하고 실제로 내가 어떤 이야기를 할 때 자신감 있고 표정이 밝아지고 할 말이 많아지는지를 알아야 한다. 그래야 내가 면접에서 자신 있고 잘할 수 있는 분야를 자소서에 작성할 수 있다.

8. 점수 < 실력

우리는 지금까지 초등학교, 중학교, 고등학교, 대학교에 다니면서 점수를 올려야만 인정을 받고 유리하게 진학할 수 있고 취업할 수 있다고 배워왔다. 학교 밖에서도 마찬가지고, 어딜 가든 실질적인 실력보다는 내가 받은 점수로 평가를 받아왔다. 내가 아무것도 모르는데 찍어서라도 맞으면 점수로 인정을 받았고 알더라도 틀리면 인정을 받지 못했다.

실제 점수는 1등일지라도 밀려 썼다는 이유로 꼴찌를 할 수도 있다. 점수가 실력이라고 생각하는 게 당연시되어왔고, '밀려 쓴 실수도 실력이다.'라고 배워왔다. 그래서 우리는 점수를 늘리려고 한다. 사실 점수 '만' 늘리려고 한다. 그래서 면접을 준비할 때에도 합격만 하려 하고 점수만 높이려고 한다. 시간을 투자하지 않고 합격하면, 시간을 효율적으로 사용했다고 생각한다.

특히나 면접에서는 실력을 늘리지 않으면 살아남을 수가 없다. 면접은 밀려 쓰는 것도 없고, 찍어서 맞을 수도 없기 때문이다. 면접에서는 실수를 만회할 수도 있지만 대답을 잘했어도 떨어질 수 있다. 여기서 실력이라는 것은 내가 지원한 업체에 대한 지식이나, 기업마다 조금씩 다른 면접유형 혹은 평가방식과 관계없이 내가 가진 진짜 실력을 말한다.

면접에서 점수를 높이려면 실력이 뒷받침되어야 한다. 면접은 종이를 보면서 나 혼자 고민하는 것이 아닌 면접관을 대면하여 직접 대화를 나누는 것이다. 그래서 어필하는 능력을 기르고 말하기 실력을 높여야 한다.

말하기 실력을 높여야 하는 큰 이유가 하나 더 있다. 취업하고 나면 이력서를 쓸 일이나, 자소서를 쓸 일은 거의 없다고 보면 된다. 보고서를 잘 쓰는 것은 도움이 되지만 자소서와는 성격이 다르다. 이직하지 않는 이상 자소서를 쓰거나 인적성검사를 볼 일은 없으며, 준비할 때 공부했던 내용은 대부분 잊어버린다.

그러나 면접은 다르다. 면접은 사무실에서 직장 상사를 대하는 것의 연장이라고 보면 된다. 상사와 대화하고, 질문에 대답하고, 회의하고 그런 직장생활을 하게 된다. 그것을 미리부터 준비하는 것이다. 면접은 직장생활을 하면서 계속 필요하기에 잊어버리지도 않는다. 그러니 면접을 준비해라. 그것이 모든 회사에서 면접을 보는 이유이다.

면접은 점수를 보는 것이 아닌 실력을 보기 위한 것이다. 블라인드 면접으로 인해서 스펙을 보지 않고 면접 실력만으로 평가하게 되었다. 스펙으로 커버하려고 하지 말고 말하기연습, 면접연습을 하자!

9. 자신의 노력과 능력을 믿어라

- 숨어있는 능력을 끌어내는 1%의 방법

고등학교, 대학교에 다니면서 독자들은 열심히 준비해왔다. 이렇게 취업에 도움이 되는 책도 읽으며 열심히 노력해왔고 이러한 노력과 능력은 분명히 취업에 도움이 된다. 그런데 정말 중요한 것은 자신의 능력과 그동안의 노력을 믿어야 제대로 발휘할 수 있다.

예를 들어, 중요한 약속으로 나가야 하는데 소나기가 내릴 때 집에 우산이 있는걸 알면 찾아서라도 우산을 들고 나갈 수 있다. 우산이 있음에도 불구하고 우산이 없다고 믿으면 밖에 나갈 수 없거나 찾으려는 노력도 하지 못하고, 최악의 상황에는 비를 맞으며 나가야 한다.

집에 우산이 있는 것을 알지 못해서 비를 맞으며 나가야 한다면 얼마나 억울한가. 예시처럼 노력했고 능력이 길러졌다는 것을 믿어야 실전에서 사용할 수 있다.

종종 주변에서는 '어차피 서류전형에서 떨어지면 인적성도 못 보고, 면접을 못 볼 텐데 뭐하러 면접을 먼저 준비하냐'고 말한다. 그렇게 생각하는 취업준비생들은 잘못하고 있다. 우산은 비가 오지 않을 때 미리 사두어야 중요한 약속에 소나기를 맞지않고 나갈 수 있는것처럼 준비가 되어있어야 면접을 합격할 수 있다. 그렇게 쌓아둔 실력은 평소에는 티가 나지 않지만 면접을 보게 될 때 불합격으로부터 나를 보호해 준다.

10. 서류와 면접의 시간 배분

서류전형과 면접의 시간 배분에 대해서 궁금해하거나 서류전형에만 많은 시간을 들이는 취업준비생들이 있다. 결혼을 목적으로 연애한다고 가정하고, 서류전형과 면접을 연애와 결혼에 비교해서 취업준비를 어떻게 해야 할지 생각해보자.

연애 = 서류전형 / 연애에 돈쓰기 = 스펙 쌓고 자소서 쓰기
결혼 = 면접 / 결혼 할 돈 모으기(결혼 준비) = 면접 준비

이렇게 비교를 해본다면 어떻게 할 것인지를 생각해보자. 연애를 안 하면 결혼을 하기 힘들다. 그래서 결혼자금으로 모아둔 돈을 데이트 비용과 결혼 비용에 나눠서 써야 한다. 그런데 연애를 하기 위해서 결혼자금을 다 써버린다면 연애는 할 수 있겠지만 결혼할 돈은 남지 않게 되고 결혼을 하기가 힘들어진다.

즉, 연애비용과 결혼자금을 적절하게 분배해야 연애도 잘하고 결혼도 잘할 수 있게 된다. 그동안 연애를 잘하기 위해서 전 재산을 올인했지만 결혼을 위해서 준비된 것이 하나도 없다면 결혼하기 힘들어질 것이다. 결론은 연애와 결혼을 같이 생각하고 준비해야 한다는 것이다.

한정된 시간으로 서류전형과 인적성검사, 면접을 같이 준비해야 하므로 계획적으로 해야 한다. 만약에 영업으로 면접을 준비했는데 품질부서에 면접을 보게 되면 그동안 준비한 것이 낭비가 아닐까 걱정이 될 것이다. 그러나 지원부서나 기업이 바뀔 뿐 그동안 준비해 온 것은 나의 면접 실력에 도움이 된다.

내가 그동안 준비하고 노력해온 것들은 사라지지 않고 나의 실력으로 쌓여있다. 그리고 면접관은 그것을 알아본다. 소개팅에서 말을 잘못하거나 부족한 부분이 보여도 진심이 느껴지면 그런 것들은 문제가 안 되는 것처럼, 스펙이 좀 부족해 보여도 면접 준비를 잘 해왔고 진심이 느껴진다면 문제가 되지 않는다. 그러니 면접 준비로 내 실력을 쌓는 것은 절대 낭비가 아니다.

물론 연애과정에서도 어느 정도 돈을 쓰고 시간도, 노력도 해야 하지만 미래에 대해 준비를 하지 않은 채 연애에만 매달리게 되면 오히려 역효과가 생긴다. 결국에는 결혼을 하고 가정을 이루는 것을 목표로 해야 한다.

또 오랫동안 서류전형을 준비했는데 거의 다 떨어졌다면 어떻게 해야 할까?

소개팅에 나갔는데 패션과 대화법 때문에 번번이 결과가 좋지 않았다. 그러면 못하는 것을 채워야 한다. 그러나 나의 대화법, 패션 감각, 매력을 늘리지 않고, 소개팅만 나가서 밥값, 커피값에만 돈을 쓴다면 나아지는 것 없이 재산을 탕진하고 있다.

내가 꾸밀 만큼 꾸미고, 준비된 상태에서 소개팅에 나가야 한다. 업그레이드된 모습이 아닌 현재의 모습으로 소개팅 횟수만 늘린다면 소개팅 장소만 바뀌었을 뿐 달라진 것이 아무것도 없고 결과도 달라지지 않는다.

누가 봐도 떨어질 만한 자소서를 기업만 바꿔서 아무리 많이 지원해도 돌아오는 대답은 마찬가지이다. 복사/붙여넣기를 하고 글자 수 맞출 시간에 자소서의 수준을 높여야 한다. 그게 합격을 하게 해주는 더 빠른 길이다.

11. 영어는 선택이 아닌 필수!

　내가 무언가를 하고자 하는 것이 없다면 영어를 잘 몰라도 크게 불편함이 없지만, 무언가를 하려고 마음먹었다면 그것을 얻기 위해서 영어는 필수다. 특히 취업을 위해서는 영어공부를 꼭 해야 하며 대부분 기업에서 영어 성적을 요구한다. 요구하지 않더라도 많이 알면 나중에 대우를 받게 된다. 진급할 때에도 영어 실력을 보게 되고 업무를 할 때도 영어를 점점 쓰게 되는 추세이다. 세계화가 되고 인터넷이 발달하면서 영어의 필요성은 커졌고 기업은 생존과 관련이 되어있기 때문에 이왕이면 영어를 잘하는 인재를 뽑기를 원한다.

　영어는 누구나 알다시피 세계 공용어이고 특히 우리나라에서는 영어가 필수적이다. 굳이 영어를 쓰는 직업을 갖지 않더라도 영어를 잘하면 어떻게든 좋다. 그 이유 중의 하나는 세계에서 한국어를 쓰는 나라가 우리나라밖에 없고 우리나라만으로 자급자족이 되지 않기 때문에 다른 나라와 교류를 할 수밖에 없기 때문이다.

　영어 다음으로 중국어가 한창 주목받고 있다. 중국어를 쓰는 인구가 매우 많고 우리나라와 가까운 곳에 있기 때문에, 또 최근 중국이 경제, 정치, 문화면에서 세계적으로 미치는 영향력이 굉장히 강해졌기 때문이다.

내가 대학교 1학년 때는 토익(읽기, 듣기 위주)이라는 시험을 많이 볼 때였다. 스피킹의 영향력이 크지 않았고 취업 지원 자격에도 필수적인 시험이 아닌 때였다. 그런데 토익 점수가 높은 사람들도 외국인을 만나서 말 한마디 못 하는 게 현실이었고, 그런 문제에 대한 변화가 필요한 시기였다. 그러한 사회적인 변화를 알아차려야 한다. 취업자격이나 트렌드가 어떻게 바뀔지를 지속해서 파악하는 것이 필요하다.

내가 봤을 때 토익은 굉장히 어려운 시험이다. 그러나 수동적으로 공부할 수 있다. 읽고 문제 풀고, 듣고 문제를 풀면서 공부한다. 지금까지 공부해온 것처럼 공부하면 되므로 부담스러운 것을 하지 않아도 된다. 면접 준비처럼 직접 말을 해야 하거나 인사담당자와 상담을 해야 하거나 말하기 실력을 드러낼 필요도 없다.

토익보다 스피킹은 상대적으로 높은 점수를 받기는 쉬운 시험이다. 그러나 적극적으로 공부해야 한다. 영어를 듣고 말해야 한다. 그래서 많은 학생이 토익 공부는 쉽게 시작하지만, 말하기연습은 하지 않는다. 그러한 태도가 취업에도 영향을 준다. 인적성검사 공부는 할 수 있어도 면접 준비는 부담스럽다. 이제는 수동적인 공부뿐만 아니라, 적극적인 영어 말하기연습도 같이 해보자.

내가 영어를 공부했던 방법 몇 가지가 있다.

(1) 내가 대화하는 데 필요한 단어만 공부한다.

(2) 내가 대화하는 데 필요한 문법만 공부한다.

(3) 듣기를 할 때는 빠르게 듣고 속으로 따라 한다.

(4) 아는 단어가 있으면 그 단어들을 조합해서 바로 회화를 시작한다. 그리고 그것을 반복하면서 단어를 하나 외우면 바로 회화에 써먹는다.

(5) 혼잣말로 계속 영어를 말해서 입에 영어가 익을 수 있도록 한다.

(6) 외국인 친구를 사귀고 같이 영어회화를 하고, 한국어도 가르쳐주면서 배운다.

나의 경우에는 대학교에 있는 국제교류부(외국인 유학생 담당센터)에 가서 외국인을 만날 수 있는 프로그램도 해보고, 영어통역에도 지원해보고, 기숙사에 전화해서 외국인 친구와 방을 함께 쓸 수 있는지 부탁도 해보고, 외국인들에게 한국어, 한국문화를 알려주고 대학생활을 도와주면서 영어공부를 했다. 그리고 외국인이 도움이 필요해 보이면 먼저 가서 말을 걸어서 친구가 되기도 했다.

외국인도 우리가 영어를 못할 거라고 예상하기 때문에 천천히 말해도 기다려준다. 너무 긴장하지 말고 잘하지 못하더라도 천천히 노력해보자. 나도 처음에는 영어를 잘하지 못했고 못 알아들었지만 도움이 필요했던 외국인들과 금세 친해지게 되었고 지금도 연락을 하고 있다.

우리가 영어공부를 해야 하는 이유는 대부분 기업에서 어학성적을 자격조건으로 두기 때문이다. 그리고 기업의 분류에 따라서 선호하는 어학성적이 달라진다. 대체로 대기업에서는 OPIc(이하 오픽)과 토익스피킹(줄여서 토스)을 선호하고 토익은 많이 사라지는 추세이다. 공기업에서는 토익을 선호하고 일부 오픽과 토스도 보는 곳이 있다. 중소기업에서는 오픽과 토스를 요구하는 곳이 아직 많지 않다.

오픽과 토스가 생기기 전에는 거의 유일한 시험이 토익이었다. 그런데 기업의 입장에서 토익성적은 높지만 영어스피킹을 잘못하는 합격자들이 생기자 자체적으로 영어면접을 보기도 했고 새로 생긴 오픽과 토스 성적을 요구하게 되었다. 그러면서 점점 지원조건으로 오픽와 토스를 두는 기업이 많아졌고 점점 바뀌는 추세이다. 기업에서 일할 때 필요한 것은 영어 커뮤니케이션 능력인데 성적이 있어도 말을 하지 못하면 업무에 제한적이다. 그래서 현실적인 영어스피킹 능력을 보게 되었다. 점점 대체되는 상황이다.

오픽을 활용해서 채용하는 기업을 알아보자. 대부분 기업에서 오픽이나 토스를 지원 자격으로 두고 있다. 수준 이상의 성적을 요구하기도 하고 시험성적표만 요구하는 기업도 있으니 정확하게 알아보고 준비하자.

다음 내용은 토스 홈페이지에 나와 있는 자료이다.

(출처: http://exam.ybmnet.co.kr/ - 업데이트 시점에 따라서 다를 수 있음)

· 토스를 지원 자격으로 두는 주요 그룹사

(특정 성적 이상을 요구하거나 시험 경험 자체를 요구)

24개 그룹 / 313개 기업

삼성그룹 23개 계열사	현대자동차그룹 31개 계열사
LG그룹 16개 계열사	롯데그룹 37개 계열사
KT그룹 6개 계열사	GS그룹 9개 계열사
한화그룹 26개 계열사	현대중공업 4개 계열사
한진그룹 7개 계열사	포스코그룹 13개 계열사
두산그룹 15개 계열사	신세계그룹 15개 계열사
CJ그룹 12개 계열사	LS그룹 7개 계열사
금호그룹 12개 계열사	현대그룹 3개 계열사
OCI그룹 12개 계열사	효성그룹 개 계열사
코오롱그룹 10개 계열사	동부그룹 12개 계열
이랜드그룹 6개 계열사	태광그룹 15개 계열사
한라그룹 5개 계열사	한솔그룹 11개 계열사

· 토스를 지원 자격으로 두는 중견 · 중소기업

(특정 성적 이상을 요구하거나 시험 경험 자체를 요구)

193개 기업(그룹 포함)

· 토스를 지원 자격으로 두는 공기업 · 공공기관

(특정 성적 이상을 요구하거나 시험 경험 자체를 요구)

78개 기업/기관

KOICA	KOTRA
건강보험심사평가원	경기도
공무원연금공단	광주과학기술원
교통안전공단	국가과학기술연구회
국가정보원	국민연금공단
국민체육진흥공단	기술보증기금
기초과학연구원	농협
대구도시공사	대한체육회
병무청	부산항만공사
산림청	서울대학교병원
서울메트로9호선운영	한국항공공사
한국환경공단	한국환경산업기술원
서울축산농협	신용보증재단중앙회
안산환경재단	여수광양항만공사
연구개발특구진흥재단	예금보험공사
외국어번역행정사	인천도시공사
인천항만공사	한국가스공사
한국가스기술공사	한국가스안전공사
한국경영자총협회	한국공정거래조정원
한국공항공사	한국교통연구원
한국기계연구원	한국기초과학지원연구원
한국도로공사	한국마사회
한국문학번역원	한국문화예술위원회
한국방송광고진흥공사	한국산업기술시험원
한국산업기술진흥원	한국산업기술평가관리원
한국산업단지공단	한국상하수도협회
한국생산기술연구원	한국생산성본부인증원
한국석유공사	한국석유관리원
한국소비자원	한국수력원자력
한국수자원공사	한국에너지기술평가원
한국연구재단	한국원자력안전기술원
한국원자력연구원	한국원자력통제기술원
한국임업진흥원	한국장애인개발원

한국장애인문화예술원	한국저작권위원회
한국전력거래소	한국전력공사
한국전력기술	한국제품안전협회
한국지역정보개발원	한국토지주택공사
한국투자공사	한국투자증권
한국특허정보원	한국표준과학연구원

· 토스를 지원 자격으로 두는 금융사, 항공사, 언론사
(특정 성적 이상을 요구하거나 시험 경험 자체를 요구)
24개 기업

· 토스 성적을 활용하는 대학(졸업인증, 평가, 장학금 등)
73개 대학

다음 내용은 오픽 홈페이지에 나와 있는 자료이다.
(출처: http://www.opic.or.kr/ - 업데이트 시점에 따라서 다를 수 있음)

· 오픽성적을 지원 자격으로 두는 주요 그룹사
(특정 성적 이상을 요구하거나 시험 경험 자체를 요구)
30개 그룹 396개 기업

삼성그룹 39개 계열사	한화그룹 25개 계열사
LG그룹 18개 계열사	두산그룹 23개 계열사
CJ그룹 19개 계열사	포스코그룹 25개 계열사
SK그룹 17개 계열사	현대자동차그룹 21개 계열사
롯데그룹 55개 계열사	KT그룹 10개 계열사

금호그룹 11개 계열사	GS그룹 9개 계열사
신세계그룹 7개 계열사	코오롱그룹 11개 계열사
한진그룹 5개 계열사	대림그룹 7개 계열사
효성그룹 9개 계열사	동부그룹 20개 계열사
이랜드그룹 6개 계열사	대우조선해양그룹 2개 계열사
태광그룹 7개 계열사	LS그룹 6개 계열사
LIG그룹 8개 계열사	일진그룹 7개 계열사
이수그룹 9개 계열사	한라그룹 6개 계열사
SPC그룹 5개 계열사	동원그룹 5개 계열사
한솔그룹 9개 계열사	삼양그룹 5개 계열사

· 오픽성적을 지원 자격으로 두는 일반기업

(특정 성적 이상을 요구하거나 시험 경험 자체를 요구)

55개 기업

· 오픽성적을 지원 자격으로 두는 금융사

(특정 성적 이상을 요구하거나 시험 경험 자체를 요구)

25개 기업

· 오픽성적을 지원 자격으로 두는 공기업/기관

(특정 성적 이상을 요구하거나 시험 경험 자체를 요구)

45개 기업

가스안전공사	경북대학교병원
국가보안기술연구소	국가정보원
국립공원관리공단	대한사회복지회
대한석탄공사	동국대학교

부산도시가스	부산항만공사
부산환경공단	서울대학교
숭실대학교	인천경제통상진흥원
인천국제공항공사	전력거래소
중소기업진흥공단	한국가스공사
한국가스안전공사	한국거래소
한국공항공사	한국과학기술연구원
한국관광공사	한국광물자원공사
한국광해관리공단	한국국제협력단
한국남부발전	한국농어촌공사
한국동서발전	한국마사회
한국산업기술시험원	한국생산성본부
한국서부발전㈜	한국석유공사
한국소비자원	한국수력원자력
한국에너지기술연구원	한국에너지기술평가원
한국자산관리공사	한국전력공사
한국전력기술	한국전문대학교육협의회
한국전지산업협회	한국정보화진흥원
한국정책금융공사	

· 오픽성적을 활용하는 대학(졸업인증, 평가, 장학금 등)
51개 대학

 중요한 것은 어떤 시험이 더 좋고, 준비해야 한다는 것이 아
니고 본인이 원하는 기업에서 어떤 어학성적을 요구하는지 파
악하고 그 후에 준비해야 인정받을 수 있다는 것이다. 또는 여
러 가지 시험을 보고 본인에게 유리한 성적이 나오는 어학성적
을 보는 곳에 지원하는 것도 방법이다.

12. 좋은 기회가 있다면 절대로 놓치지 마라

- 핑계를 대거나 계산하느라 기회를 놓쳐버리고 있지는 않은가?

나는 대학교 2학년을 마친 21살 때 미국에서 1년 동안 지냈다. 아는 지인을 통해서 미국에서 영어도 배우고 문화교류도 하고, 많은 곳을 관광할 수 있었다. 주변에서는 영어공부도 더 하고 1년 더 준비해서 안정적으로 가라고 했지만 지금 미국에 갈 수 있고 어차피 1년 후에 미국에 갈 거라면, 굳이 미룰 필요가 없었다.

내가 고민을 했던 이유는 대학교 2학년 때 학군단에 합격했는데 규정상 바로 휴학을 할 수가 없었기 때문이다. 학군단에서는 미국에 가면 합격이 취소될 수도 있다고 했다. 그러나 이번 기회가 나에게 너무 좋은 기회였고, 또 학군단도 정말 가고 싶었고 미국에서의 1년을 모두 얻고 싶은 생각이 있었다. 그래서 하나를 포기하고 싶지 않았다. 그리고 왠지 할 수 있을 것 같았다. 절실한 마음으로 두 가지를 다 얻고 싶다고 생각했고 둘 다 열심히 준비했다.

미국에서의 1년은 짧은 기간이지만 미국에서 많은 것을 느낀 상태로 3학년(1년)을 산다면 많은 것이 달라질 것이다. 내 대학생활도 달라질 것이고, 혹시 미국에 가는 것을 1년 미뤘다가 상황이 더 안 좋아지거나 못 가게 될 수도 있다고 생각했다. 그래서 영어나 상황이 준비되지 않았더라도 일단 가야겠다고 생각했다.

그렇게 학군단에서 대답을 듣지 못한 채 미국으로 떠나게 되었다. 그리고 미국에서 생활한 지 1달 후에 학군단에도 합격했다는 것을 듣게 되었다. 그냥 그렇게 가버린 나를 합격시켜주셨던 것에 크게 감동을 하고 귀국 후에 미친 듯이 열심히 했고 결국 포기하지 않고 최선을 다해서 둘 다 얻을 수 있었다.

독자 여러분들도 절대 놓치기 싫은 기회가 올테니 내 것으로 만들었을 때의 기쁨을 생각하며 최선을 다해서 미루지 말고 부담스러워하지 말고 확신을 갖고 도전해서, 꼭 성공하길 바란다!

13. 주변의 말들에 너무 현혹될 필요 없다

학원이나 광고, 인터넷 등에서 하는 말들이 틀렸고 비효율적이라고 이야기하지는 않겠다. 그러나 그런 말들을 판단 없이 맹목적으로 믿고 행동하지는 않았으면 한다. 물론 많은 것들이 여러분의 취업에 도움이 될 것이다. 그러나 학원이나 광고가 여러분들의 취업을 보장해주지는 못한다. 단지 족집게 학원에 다닌다고 해서, 합격률이 100%인 선생님에게 배운다고 해서 취업을 보장받을 수는 없다는 것이다.

결국에는 내가 열심히 잘해야 하고 학원이나 강의들은 나를 도와주기 위한 것들일 뿐이다. 전적으로 의지하거나 무분별하게 믿고 따르게 되면 나중에 탈락 후에 후회해도 돌이킬 수 없다. 자신에 대해서 잘 생각해보고 스스로 선택을 해서 방법을 찾아보자. 그래야 자신에게 맞는 방법을 찾을 수 있고 나중에 후회가 없다.

취업에 대한 정보를 찾아보기 귀찮고 부담스럽다는 이유로 가만히 앉아서 들려오는 이야기에 현혹되지 말라는 뜻이다. 스스로 채용 홈페이지도 찾아보고 이런 취업서도 읽어보고, 학교에서 하는 취업설명회, 취업상담회도 가보자. 그리고 기업에서 말하는 것에 귀를 기울이자, 합격자 몇 명과 탈락자 몇 명의 이야기가 전부는 아니다. 합격자도 왜 합격했는지, 탈락자도 왜 떨어졌는지 알 수 없다. 그러니 기준이 되는 것을 직접 찾아보고 판단해서 준비해보자. 그리고 그런 기준이 생긴 데에는 분명히 이유가 있다. 이 책에 그런 이유를 많이 수록해 두었는데 그 이유를 알게 되면 빠르게 이해할 수 있다. 직접 찾아보거나 가보지 않아서 비효율적으로 준비한다면 시간을 크게 낭비하는 것이며 취업을 할 수 없는 중요한 이유가 된다. 덜 중요한 취업준비를 안 하더라도 정말 중요한 것, 부족한 것이 무엇인지를 알고 준비해야 한다.

14. 우리가 취업을 못 하는 중요한 이유 1

우리가 '취업을 못 한다'라는 기준은 졸업한 후에 바로 하지 못하거나, 또는 졸업유예를 하면서 취업준비를 하게 되면 '취업을 못 한다'라고 이야기한다.

그러나 우리가 취업을 못 하는 것은 졸업할 시기에 했던 것들 때문이 아니라 학교에 다니면서 쌓여왔던 실수들이 누적되어서 나타나는 것이고, 대학교 4년 동안 또는 휴학 중에 해왔던 경험이나 노력들이 부족했기 때문이다. 여러분이 생각하는 것만큼 취업의 벽은 높지 않다. 다만 졸업이 다가와야 취업준비를 본격적으로 해서 너무 늦게 되는 것이다.

내가 무엇이 잘못되었고 무엇이 문제인지를 너무 늦게 알았거나 지금도 모르고 있을 수도 있다. 합격을 한 사람도 내가 뭘 잘해서 합격했는지 몇 등으로 합격했는지 불합격할 뻔했는지 그러한 기준에 대해서 알 수가 없다. 회사에서 자세하게 피드백을 공개하지 않고 또 합격자도 합격한 뒤에는 더이상 관심이 없기 때문에 알지 못한다. 그렇기 때문에 대학교 3학년 때까지는 준비를 열심히 하지만 계속해서 불안한 마음을 가질 수밖에 없다. 그리고 어떤 판단이, 어떤 행동이 실수였는지, 얼마만큼 나에게 피해를 주고 방해가 되는지 알 수 없다. 우리는 나에게 피해를 주고 방해되는 것을 미리 파악하고 멀리할 필요가 있다.

취업을 준비하는 사람의 조건은 모두 다르다. 가려고 하는 회사도 다르고 부서도 다르고, 성격도 다르고, 환경도 다르다. 모든 것이 달라서 주변에 취업을 준비하는 사람들이 하는 대로 또는 합격자들이 해왔던 대로 하는 것은 위험한 선택일 수 있다. 합격한 사람들이 하는 대로 똑같이 하면 될 것 같은데 왜 위험하다고 하는지 한번 생각해보자.

첫째 가장 중요한 이유는, 합격한 사람들이 해왔던 그대로를 따라 한다고 생각하지만 실제로는 그렇지 않기 때문이다.

합격한 사람이 가던 방향으로 1m 걸어간다고 나도 가던 방향으로 1m 걸어가면 같은 결과가 나올까? 분명히 방향도 다를 수 있고 현재 위치도 다르다. 무작정 따라 했던 것이 어떤 결과를 가져올지 모른다. 그렇다. 합격자와 나는 상황이 다르다. 합격자가 성적을 올리려고 한다고 나도 똑같이 성적을 올려야 할까?

이것은 쉽게 공부로 예를 들어보자.

나는 수학을 잘해서 수학이 100점이고 영어가 0점이다. 우리 반 1등은 영어가 100점이고 수학은 95점이다. 우리 반 1등은 평균점수를 올리기 위해서 수학을 공부한다. 그러면 나도 평균점수를 올리기 위해서 똑같이 수학을 공부해야 할까?

아니다. 성적을 올리는 방법이 달라야 한다. 나는 이미 수학을 100점 맞았기 때문에 0점인(부족한) 영어를 해야 한다. 그러나 많은 취업준비생이 위와 같은 실수를 하고 있다. 합격자의 상황과 가고 싶은 기업에 맞춘 준비를 나의 상황에 그대로 접목하면 안 된다.

나는 합격자와 상황이 다르다. 내가 부족한 부분이 무엇인지 내가 가려는 기업에서 필요로 하는 것이 무엇인지를 파악하는 것이 필요하다. 그것이 사실 가장 중요한 것임에도 불구하고 우리는 거의 하지 않는다. 또는 4학년이 되거나 취업에 실패한 후에야 제대로 된 준비를 시작한다.

그때야 기업에서 원하는 것을 찾아보고 자격조건이 무엇인지 알게 된다. 객관적으로 바라보면 사실 굉장히 놀라우면서도 말이 안 되는 상황이다. 취업하고 싶다고 말은 하지만 전혀 찾아본 적도 없다. 왜 그런 노력을 하지 않았었는지 한번 생각해보자. 우리가 대학교 1~3학년 때는 서류전형을 지원할 수는 없지만 내가 가고 싶은 기업에 합격하기 위해서 어떻게 해야 하는지는 30분만 찾아봐도 알아볼 수 있다.

인터넷 홈페이지 들어가면 쉽게 알 수 있고 자격조건을 검색해보면 그리 어렵지 않다는 것을 알 수 있다. 그리고 중요한 것 하나 더! 우리가 준비하고 있고 중요하다고 생각하는 것과 회사에서 자격조건으로 이야기하고 있는 것, 우대해주고 있는 것, 인재상으로 말하고 있는 것이 같은지 생각해보자.

회사에서는 A가 필요하다고 말하는데 우리는 '혹시 모르니까 B를 준비하자' 라고 하고 있지는 않은가. 준비생 대부분이 가진 문제는 회사에서 원하는 꼭 필요한 A는 준비하지 않으면서도, 자격에 나와 있지도 않은 B를 먼저 준비하면서 취업에 어려움을 느끼고 있다. 물론 B가 있다면 취업에 도움이 되는 것은 맞다.

그러나 그것은 A가 있을 때 B도 도움이 되는 것이지, 필수조건인 A가 없는 상태에서 B가 있으면 서류지원조차 할 수 없는 데 무슨 의미가 있겠는가?

예를 들어, 회사는 성적 4.5인 1학년보다 성적 3.0의 4학년을 뽑는다. 1학년은 아무리 능력이 뛰어나도 지원 자격이 안 되기 때문에 무슨 수를 써도 합격할 수 없다. 먼저 자격조건이 되어야 한다. 그러면 1학년이 휴학을 하고 모든 스펙을 전부 준비했다면 취업이 될까? 마찬가지로 안 된다. 졸업예정자라는 자격조건이 갖춰지지 않았기 때문이다. 그렇다면 다른 예로 영어 말하기 성적이 없는 사람이, 영어 말하기 성적을 요구하는 기업에 지원하기 위해서 공부를 한다면 토익 공부를 해야 할까? 아니면 영어 말하기공부를 해야 할까? 이것은 아무런 생각을 하지 않고 대답하더라도 당연히 영어 말하기공부를 해야 한다는 걸 알 수 있다.

그런데 왜 영어 말하기 점수가 없는 상태에서 영어문제풀이를 하면서 '그래도 토익점수가 있으면 도움이 되지 않을까? 합격한 사람 보니까 토익성적이 있던데.'라고 말하는 것인가.

잘 생각해보자. 아니 정신 차리자. 정말 합격하고 싶다면 합격할 것처럼 보이는 행동이 아닌, 합격할 수 있는 행동을 해야 한다. '내가 이렇게 영어문제풀이를 했는데 내 노력을 알아주지 않을까?'라고 생각하면 안 된다.

회사는 분명히 영어 말하기를 준비하라고 했는데 말을 안 듣고 계속해서 토익을 준비한다면 기업의 입장에서는 탈락시키는 게 맞다. 그와 반대로 토익을 준비하라고 이야기하는데 토익준비를 하지 않으면 역시 탈락할 수밖에 없다.

회사에서 원하는 것을 하는 게 기본 중의 기본이다.

면접에서의 평가는 개인의 능력보다도 중요한 것은 회사에 맞는 사람인지 아닌지의 구분이다. 진짜 취업하고 싶다면 회사에서 제시한 지원조건에 맞게 준비해라. 회사에서는 그런 사람을 필요로 한다.

15. 우리가 취업을 못 하는 중요한 이유 2

항상 취업에 대한 생각을 염두 해야 한다. 관심을 두는 것만으로도 시간을 많이 아낄 수 있다. 주변을 둘러보면 취업준비를 하기 위해서 '4학년'이 되길 기다리는 취업준비생을 종종 볼 수 있다. 3, 4학년이 되면 본격적으로 취업을 준비하기 위해서 계획도 세워두었다. 그리고 그때 가서 놀고 싶을까 봐 미리 많이 놀아둔다. 1, 2학년 때는

'영어 성적은 2년밖에 유효하지 않은데 1, 2학년 때 따도 취업을 할 때쯤이면 유효기간도 끝나고 시험 보는 의미가 없잖아.'라고 생각한다.

그런데 그것은 잘못된 생각이다. 4학년 2학기가 시작하면서 지원서류를 쓰기 시작한다. 2학년 2학기에 본 시험은 4학년 2학기에 취업할 때까지 유효한데, 그렇다면 왜 2학년 2학기에는 영어시험을 안 보는 것인가? 2학년 2학기에 시험을 보려면 2학

년 1학기 때에는 영어스피킹이 준비가 되어야 하는데 왜 준비하지 않는 것인가?

그렇다. 사실 4학년이 되어서 준비를 한다는 것은 준비하기 싫어서 하는 핑계일 뿐이었다. 이를 빨리 깨우칠수록 취업의 문은 열리게 되어있다. 주변의 선배들에게 물어보자. 4학년 때 무슨 준비를 할 수 있는지. 정작 4학년 때에는 많은 준비를 할 수 없다.

수능은 1주일 전부터 벼락치기 공부를 할 수 있지만 대학교 4학년이 되면 오히려 불안함은 더 증가하고 제대로 된 준비가 되지 않는다. 대학교 생활도 마무리해야 하고, 4학년이 되어서야 준비를 시작하는 것에 대한 창피함과 부담감도 있기에 마음 편하게 준비하거나 도움을 요청하지도 못한다.

그렇다고 학교생활을 완전히 놓아버리고 준비를 하는 것도, 무작정 휴학을 해서 공백기를 만드는 것도 좋은 선택이 아니다. 4학년 때에는 마무리를 하고 1~3학년 동안 해왔던 각종 활동과 취업준비의 결실을 거둬들이는 시기이지, 뒤늦게 일을 벌이기 위한 시기가 아니다.

여러분이 면접관이라고 생각해보자. 이력서를 보니 1~3학년 때까지는 아무런 경험이 없다가 4학년이 되어서 봉사활동을 300시간이나 해온 지원자가 있다고 해보자. 어떤 생각이 들까? 봉사활동을 열심히 하는 인재라고 생각이 드는가? 아니면 평소에는 전혀 하지 않다가 급하게 스펙을 만들기 위해서 봉사활동을 억지로 한 사람처럼 보이는가? 오히려 다른 스펙까지 억지 스펙으로 보일 수 있다.

경험과 경력의 시기를 적는 것은 전부 이유가 있다. 그것을 언제 했는지를 보겠다는 것이다. 그것이 서류심사에서 크게 작용하지는 않겠지만 굳이 가장 바쁜 4학년이 되어서야 자원봉사를 시작하는지에 대해서는 면접관이 궁금해할 것이다. 더군다나 1~3학년 때 해온 것들이 별로 없다면 그것은 더욱 치명적일 수 있다.

왜 1~3학년 때 많은 경험을 하라고 하는지 이해가 되었으리라고 생각한다. 1학년 때는 놀아야 한다는 말을 들어본 적이 있을 것이다. 1학년 때 놀아야 한다는 말은 그저 생각 없이 시간을 보내라는 뜻이 아니고 여러 가지 대학생으로서 할 수 있는 다양한 경험들을 해보라는 뜻이다. 1학년 때는 전공을 많이 듣지도 않고 면접 등의 취업 프로세스를 진행하지도 않으므로 자유롭게 일정을 짤 수 있어서 다양한 경험을 하고 크게 배우기에 적절한 시기이다.

먼저 이력서와 자소서를 작성해보자. 이력서와 자소서를 지금부터 관리하고 경력, 경험, 자격증, 취미, 특기 등을 채워 넣어야 한다. 그러면 4학년 때 완성이 된다. 스스로 생각해보자. 내 경험과 경력은 무엇이 있는가? 취미, 특기는 무엇인가.

바로 대답을 못 하는 것은 그만큼 준비가 안 되었기 때문이다. 이 책을 읽는 많은 분이 준비가 안 되었을 수 있다. 중요한 것은 그것을 더 빨리 알고 나의 부족한 점을 남들보다 먼저 보완하여 누가 물어보면 바로 말할 수 있는 수준이 되어야 한다. 취미나 특기와 달리 경험과 경력은 실질적인 사례를 요구하므로 경험과 경력이 부족하다면 빨리 인식해야 한다. 그러면 경험과 경력을 쌓기가 수월하다. 이렇게 이력서를 써보고 나의 현 상황을 알게 되면서 앞으로 무엇을 해야 할지에 대한 생각을 할 수 있다.

이번에는 자소서를 써보자. 당장 쓰기 힘들면 최소한 질문을 읽어보고 간단하게 대답이라도 해보자. 내가 살면서 가장 힘들었던 경험, 극복했던 방법은 무엇인가? 성격의 장단점은 무엇인가? 어떤 사례에서 드러나는가?

이러한 생각을 하면서 대학생활을 하게 되면 경험을 하면서 더 잘 정리할 수 있게 되고 어렵고 힘든 경험도 나에게는 자소서의 좋은 재료가 되기도 한다.

예전에 기업탐방 프로젝트를 하기 위해서 기업에 찾아갔던 적이 있었다. 그리고 궁금한 내용을 조사하고 기록하고 보고서 작성을 완료했다. 그리고 집에 돌아와서 보고서를 제출하려는데 탐방해서 팀원끼리 찍은 사진을 필수적으로 제출해야 했다. 탐방 내용을 기록하고 사진 찍은 것은 있었지만 인증샷을 찍지 않았고 과제를 마무리할 수 없었다. 팀원들은 오직 인증샷을 찍기 위해 다시 기업에 찾아가서 사진만 찍고 왔던 적이 있다.

이처럼 무엇을 해야 하며 필수 조건이 무엇인지를 알아보지 않으면 나중에 다시 해야 하는 일이 생기거나 그동안 해왔던 노력을 인정받지 못하는 일도 생길 수 있다. 이러한 낭비를 하지 않기 위해서 빠른 시기에 지원 자격을 알아보고 준비를 시작하자.

16. 회사를 보고 갈까? 부서를 보고 갈까?

- 좋은 회사의 안 좋은 부서? 안 좋은 회사의 좋은 부서?

우리가 대학교에 갈 때 한 번쯤은 고민해보았을 것이다. 같은 성적으로 갈 수 있는 곳 중에 좋은 대학교의 안 좋은 전공을 선택할 것인가? 같은 성적으로 갈 수 있는 안 좋은 대학교의 좋은 전공을 선택할 것인가?

나는 회사보다 부서를 보고 선택하기를 추천한다. 직장을 바꾸는 것은 경력으로 이어지지만 부서를 바꾸는 것은 경력으로 이어지기가 쉽지 않다.

예를 들어서 A 기업의 판매 부서를 선택한 사람은 B 기업의 판매 부서로 들어가기가 쉽고 A 기업에서의 경력을 인정해준다. 그런데 A 기업의 판매 부서에서 일했던 사람이 B 회사의 생산 부서로 옮긴다면 대체로 A 기업에서 판매 업무를 경력으로 인정받지 못하고 신입으로 생산 부서에 들어가거나 비전공자이기 때문에 지원하지 못하는 경우가 생길 수도 있다.

물론 부서마다 특성이 달라서 선택할 때에 내가 지원하는 부서가 어떤 부서인지를 잘 봐야 한다. 유사한 부서로는 전환할 수 있다. 부서가 같다면 더 좋은 기업에 가는 것이 좋을 수 있으며, 회사의 이미지를 회사 밖에서 보는 것, 회사의 제품과 일하기 좋은 회사는 다를 수 있으니 정확하게 알아보고 지원해야 한다.

17. '절실함'의 차이는 '행동'의 차이

대신 스스로 절박해지라고 말하고 싶다. 그리고 그 절박함을 자소서에 가감 없이 드러내라고 말하고 싶다. 그게 더 맞는 표현이라고 생각한다.

내가 강의를 할 때 자주 사용하는 표현이 있다. "조금 더 절실하고 절박해져라." 그리고 "네가 실력이 없어도 면접에 합격할 수 있는 유일한 방법은 면접장에 도착하기 전까지 절박함을 갖는 것뿐이다."라고 말한다.

나는 절실함과 절박함의 힘을 믿는다. 많은 자기계발서에서 이야기하는 내용과도 비슷한데 정말 간절하면 이루어질 수 있다는 것이다. 그러나 많은 취업준비생은 절박함과 절실함이 부족하다.

이러한 이야기를 학생들에게 이야기하면 다음의 질문을 받는다.

"어떻게 해야 절박함과 절실함을 드러낼 수 있나요?"

이러한 질문을 받으면 난감하다. 구체적으로 정해져 있는 것은 아니다. 그러나 한 가지 확실한 것은 있다. 절박함과 절실함은 인위적으로 드러낸다고 드러나는 것도 아니며 굳이 드러내지 않는다고 드러나지 않는 것도 아니다. 그러면서 이해를 쉽게 하도록 예를 드는 것이 있다. 아까 학생의 질문은 "어떻게 하면 자신의 색깔을 드러낼 수 있나요?"라는 말과 비슷하다.

스스로 빨갛다고 말한다고 빨갛게 보이는 것이 아니며 노랗다고 말한다고 해서 노랗게 보이는 것이 아니다. 빨갛다고 말하려면 빨간색 물감이라도 칠해서 빨갛게 보여야 한다. 이처럼 내가 스스로 절실하다고 말해도 그대로 느껴지는 것이 아니고 말하지 않아도 눈으로 보면 절실함이 느껴지도록 만들어야 한다.

그러나 절실한 사람은 절실하지 않은 사람이 하지 않는 생각이나 말이나 행동을 하게 된다. 분명한 차이가 난다는 것이다. 절실한 사람과 그렇지 않은 사람의 가장 큰 차이는 행동에서 드러난다.

절실함이 달라지면 행동에 영향을 미친다.

예를 하나 들어보자. 10만 원을 갖고 길을 가고 있는 상황과 500만 원을 갖고 길을 가는 상황이 있다. 10만 원을 갖고 갈 때와 500만 원을 갖고 갈 때는 마음가짐이 완전히 달라진다. 돈이 나에게 어떤 의미인지 얼마나 필요한지에 따라서 자연스럽게 나의 태도가 달라지는 것이다.

본인이 절실하지 않은 사람인지 아닌지 확인하고 싶다면 '굳이 그렇게까지 할 필요가 있을까?'라는 생각이나 말을 하고 있는지를 생각해봐라. 정말 절실한 사람은 1%의 확률이라도 해보려고 노력하고, 물에 빠진 사람이라면 지푸라기라도 잡으려고 죽을힘을 다한다.

그리고 그러한 말과 행동은 자소서와 면접 때 고스란히 드러난다. 내가 실제로 취업을 도와주었던 취업준비생 중에 오랜 공백 기간을 갖고 어려워하다가 취업에 성공했던 학생이 있었다. 그 친구의 자소서를 코치해주고 있었던 때의 이야기이다.

번번이 서류전형에서 떨어졌었기 때문에 자소서를 작성하고 있었다. 그런데 자소서를 작성하기 위해서 글을 쓰도록 했는데 아무 말도 쓰지 않고 있었다. 3분이라는 시간을 줬는데 시간이 다 되도록 글을 못 쓰고 있는 것이다. 그 학생의 말로는 쓸 말이 없다고 한다. 그래서 내가 한 가지 가정을 주었다. 5분 안에 3줄의 글을 쓰면 취업할 수 있고, 3줄을 못 채우면 취업을 할 수 없다고 하고 글을 씨보도록 했다. 그러나 5분이 다 되도록 3줄의 글을 쓰지 못한 것이다. 그러면서 "무슨 말을 써야 할지 모르겠어."라고 대답을 했다.

여러분께 물어보고 싶다. 만약에 앞의 상황이 이 학생의 실제 면접 상황이었다면 어떻게 달라졌을까? 이 학생은 3줄을 채우지 않았을까? 무슨 말을 써서라도 3줄을 채웠으리라 확신한다.

그럴 일은 없겠지만 만일 5분 동안 3줄을 채우지 못했다고 한다면, 그래서 그동안 준비해온 취업에 불합격하게 되었다면 아까처럼 "무슨 말을 해야 할지 모르겠다."라고 차분하게 이야기할 수 있었을까? 절대 그렇지 않다. 분명히 절실함에서 차이가 말과 행동으로 드러나게 되어있다. 그렇게 쉬운 면접을 통과하지 못했다는 생각에 너무 슬프고 스스로가 미웠을 것이다.

핵심은 여기에 있다. 일반적으로 취업준비생들에게 저러한 가정을 주고 글을 써 보라고 하면 실제 면접이라고 생각하고 최선을 다해서 글을 쓰는 사람이 많지 않다. 쓰려고 노력은 하겠지만 스스로 이 상황을 실제로 받아들이려고 하지는 않는다.

그러나 정말 절실한 사람은 자신을 절실한 상황에 넣을 수 있는 사람이다. 진짜 절실하게 최선을 다하는 사람은 급격하게 실력이 늘기도 하고 평소에 하지 못했던 글쓰기를 갑자기 잘하기도 한다. 그것은 꾸준한 노력보다 절실함이 만들어낸 기적이라고 볼 수 있다. 위급한 상황에 초인적인 힘이 나오는 것처럼 말이다. 정말 절실한 상황이면 이게 진짜인지 가정인지를 구분하는 것조차 의미가 없어진다는 것이다.

비슷한 예로 배가 살살 아프면 처음에는 참아본다. 그러다가 계속 아프면 약을 먹어본다. 그렇게 버텨보다가 너무 아프면 간절함이 커져서 병원을 가게 된다. 가서 진단을 해보니 당장 수술을 하지 않으면 목숨이 위태롭다고 한다. 지금 수술을 하더라도 살 확률이 60%라고 한다면 그 말을 들은 환자는 배가 아픈 것을 참고 약만 먹던 전과 달리 절실함이 매우 커지게 되고 60%의 가능성이라도 수술을 하게 된다. 지금 당장 수술을 해도 살 확률이 20%밖에 안 된다고 해도 수술을 해야 한다. 그만큼 절실하기 때문이다.

이렇게 절실함은 가능성, 확률 자체를 의미 없게 만들어버린다. 이러한 태도와 행동은 인사담당자와 면접관의 눈에는 절실함과 절박함으로 보이게 된다. 그리고 이 정도의 절박함을 가지고 호소하는 지원자를 만났을 때 면접관은 감동을 하고 그러한 지원자를 통과시켰을 때 스스로 보람을 느끼고 잘 뽑았다는 생각을 하게 된다. 강하게 하고 싶은 마음도 절실함에서 나오는 것이지만 하기 싫은데 할 수 있는 것도 절실해야 가능한 것이다. 취업을 위해서 무언가를 해야 할 때 '효과는 있겠지만 굳이 이렇게까지 해야 하나?', '실제가 아닌데 실전처럼 해야 하나?'라는 생각이 들더라도 실전처럼 할 수 있으면 인사담당자에게 절실함은 전달될 수 있다. 그것이 행동이 아니고 글을 통해서도 전달이 된다.

절실함을 갖고 꼭 전형에 합격할 수 있도록 하자. 면접관이 절실함을 알아줄지 안 알아줄지에 대해서는 내가 지금 판단할 문제가 아니다. 알아주지 않너라도 지푸라기라도 잡는 심정으로 해볼 필요가 있다.

절실해 보이는 몇 가지 단어를 소개하겠다. '제발', '꼭', '항상', '절대로', '무조건', '반드시', '최선을 다해서', '어떻게든' 이러한 단어들은 자소서뿐만 아니라 일상생활에서도 절실함을 나타내기에 좋은 단어들이다. 앞에 있는 단어들뿐만 아니라 많은 비슷한 단어들이나 문장이 있다.

한번 비교를 해보자. 일반적으로 쓰는 표현과 절실해 보이는 표현을 비교해보면 조금 더 합격시켜주고 싶다는 것을 알 수 있다.

(1) 저는 어렸을 때부터 자동차를 만들고 싶었습니다. 그래서 자동차를 만들겠다고 생각했습니다.

(2) 저는 어렸을 때부터 '꼭' 자동차를 만들고 싶었습니다. 그래서 '반드시' 자동차를 만들겠다고 생각했습니다.

문장의 다른 곳에 초점을 두지 말고 사용된 '꼭'과 '반드시'를 주의 깊게 보자. (1)보다는 (2)가 훨씬 절실해 보이지 않은가? 그 차이를 느낄 수 있으면 예시에 있는 단어나 문장이 아니더라도 다른 단어를 사용해서 절실함이 전달되도록 해도 좋다.

그러면 내용은 같지만 절실함이 훨씬 강하게 느껴지게 된다. 앞의 설명은 의미 변화는 없이 강조하는 단어를 사용해서 절실함을 나타내었다면 이번에는 자신의 환경을 어필해서 절실함을 나타내는 방법을 알아보자.

내가 예전에 청주에서 전주를 가는 시외버스를 타려고 표를 끊고 있는데 뒤에 누군가 급하게 뛰어왔다. 크게 신경 쓰지 않고 표를 끊고 있는데 내가 타려는 자리가 마지막 좌석이라는 것이었다. 그래서 뒤를 돌아보니 군인이 서 있었다. 나는 그 군인에게 "혹시 전주 가세요?"하고 물어보니 그렇다고 한다. 그때 마침 버스가 도착했다. 나는 뒷사람에게 전주로 가는 마지막 자리를 양보했고, 다음 차를 기다려서 가기로 했다.

군인은 나에게 아무런 요청도 하지 않았지만 뒷사람이 휴가 나온 군인이라는 것을 아는 것만으로도 절실해 보였다. 그리고 내가 조금 더 기다리더라도 제시간에 버스를 놓치지 않고 탔던 군인을 생각하면서 양보하길 잘했다는 생각을 하게 되었다. 급하게 부대로 복귀하는데 버스를 놓친다면 큰일이기 때문이다. 그러나 군인이 사복을 입어서 군인인지 몰랐거나 마지막 좌석이 아니었다면 절실하게 느껴지지 않았을 것이다. 그리고 나도 굳이 물어보거나 양보하지 않았을 것이다.

이처럼 자신의 절실한 처지와 상황을 어필하는 방법도 있다.

이것은 실력과 상관없이 인사담당자의 마음을 바꿀 수 있는 좋은 방법이다.

그리고 다른 하나의 방법은 내가 내려는 비용보다 더 높은 비용을 내면서 표를 사려는 것도 방법이 될 수 있다. 이것은 취업으로 말하면 더 많은 노력을 해서 실력을 올리는 것으로 비교할 수 있다. 그러나 많은 돈을 내는 사람보다 절실한 사람이 그 표를 쉽게 얻을지도 모른다. 이것은 취업에도 적용될 수 있다. 절실함은 기적도 만들 수도 있다.

예를 들어 조금 전과 같은 상황으로 10,000원짜리 표를 군인은 10,000원에 사고 싶어 하고 다른 사람이 12,000원에 사고 싶어 한다면 나는 군인에게 양보했을 것이다. 그런데 다른 사람이 100,000만 원에 사고자 한다면 군인보다 더 절실한 이유가 있을 것이라고 생각하게 되고 그 사람한테 양보할 수도 있다. 이것처럼 절실함은 행동으로 드러나게 되어있다.

18. 능력이 부족해도 '이것'이면 못할 것이 없다

- 불가능해 보였던 세계태권도문화엑스포 영어통역

21살 때 세계태권도문화엑스포의 자원봉사를 하게 되었다. 태권도엑스포는 세계 50여 개의 국가에서 태권도의 고향인 한국을 방문해서 태권도를 배우고 대회도 하고, 관광도 하는 세계적인 문화교류행사이다.

이곳에 자원봉사를 지원하게 되었는데 영어통역을 해보고 싶었다. 영어를 정말 못했지만 면접까지는 아직 시간이 남았기 때문에 도전해보고 싶었다. 혹시 미달이라도 되면 합격할 수도 있을 거라고 생각했다.

영어공부를 해서 영어통역을 위한 면접을 보고 결과를 봤는데 합격이라는 것이다. 너무 놀라고 기뻐서 '역시 간절하게 원하면 이루어지는구나! 역시 지원해보길 잘했어!' 하고 좋아했지만 한편으로는 한국에 대해서 기대를 하고 올 외국인들에게 영어를 못하는 모습을 보여서 외국인들이 불편하거나 한국에 대해서 실망하면 어쩌나 하는 걱정도 들었다. 그리고 다른 영어통역 자원봉사자들, 영어통역에서 떨어진 다른 사람들에게 미안해지기 시작했다.

그래서 그때부터 영어를 미친 듯이 공부했다. 실력이 없었지만 열정과 잠재성만을 보고 뽑아주신 면접관님들께 보답하고 싶었고 나를 기다리는 외국인들에게 완벽한 가이드를 해주고 싶었다. 우리의 역할은 15~20명 정도의 태권도팀의 스케줄과 관광가이드, 숙소, 식사, 버스, 대회 등을 처음부터 끝까지 혼자 챙겨야 하는 중요한 역할이었다.

태권도 엑스포 1차 교육을 받고 1주일 후에 2차 교육이 있었다.

1차 교육이 끝난 후에는 더 흥미를 느껴서 영어공부를 더욱 열심히 하였다. 마침 방학이어서 하루에 8~10시간가량 영어

공부를 했다. 책상에 앉아서만 공부를 한 것이 아니고 걸어 다니는 시간, 밥 먹는 시간, 씻는 시간까지 계속 영어를 생각하며 다녔다. 그리고 실전에 사용해야 하므로 스피킹을 공부하기 시작했다. 단어랑 기본 문법만 알지만 일단 아무 말이나 계속했다. 정말 미친 듯이 영어를 공부했었다.

그렇게 1주일이 흘러서 2차 교육을 갔다. 그런데 내가 명단에 없다는 것이었다. 그리고 그제야 일반 봉사자 명단에 있다는 것을 알게 되었다. 일반 봉사자로 합격했지만 운영진의 착오로 나를 영어통역에 합격한 것으로 말해줬던 것이었다.

나는 그것을 모른 채 영어통역을 할 수 있다고 생각하고 온종일 영어공부를 했던 것이다. 너무도 아쉽고, 그동안 꿈꿔왔던 것들이 한순간에 무너져버렸기 때문에 현실을 받아들일 수가 없었다. 아쉬운 마음과 제대로 확인을 안 해본 운영본부에 항의했다. 차라리 처음부터 떨어졌다고 이야기를 해줬으면 이렇게 크게 기대를 하지 않고, 준비하지도 않았을 텐데 합격했다고 해서 모든 스케줄을 비워두고 영어공부도 정말 많이 했으니 영어통역으로 합격시켜달라고 요청을 했지만 이미 배정이 다 되어있어서 더이상 변동될 수 없다고만 하였다.

그런데 우연히 발대식에 참석했던 시장님을 만날 기회가 생겨서 인사를 드리고 상황을 말씀드렸다. 허락을 해주신다면 꼭 열심히 준비해서 봉사활동을 하고 싶다고 했다. 그리고 일단은 통역교육을 받고 싶다고 했다. 그렇게 교육을 받고 끝났는데 우연히 도지사님을 만나게 되었다. 그래서 다시 한번 부탁을 드렸더니 도지사님께서 꼭 하게 해주겠다고, 열심히 해달라고 답변을 주셨다.

그러나 여전히 불안했다. 그럴수록 더 열심히 영어공부를 했다. 3차 교육이 아직 남았으니 그때 확인해보고 합격이 안 되면 내년에 다시 한번 도전해보겠다고 마음먹었다. 그렇게 조마조마한 마음으로 3차 교육을 갔는데 결국 영어통역 자원봉사로 합격이 되었다는 것이었다.

너무 기뻐서 정말 어찌할 바를 몰랐다. 영어통역 자원봉사자가 되어서도 좋았지만 실력이 부족해서 불합격한 영어통역 자원봉사를 열정과 끊임없는 노력으로 합격하게 만들었다는 성취감 때문에 더 기뻤던 것이다. 그것을 계기로 그 전보다 더 열심히 해야 하는 동기부여가 되었고, 그렇게까지 해서 들어왔는데 더 잘해야 한다는 생각으로 죽기 살기로 영어공부도 하고 자원봉사도 했다.

19. 보이지 않는 취업조건: 당락을 결정하는 마인드

취업하기 위해서는 강한 마인드와 자존감을 가져야 한다. 그래야 합격이 된다. 오랫동안 취업을 못 하다 보면 '난 저런 것 먹을 자격이 없어.', '좋은 것을 누릴 자격이 안 돼.' '내가 한 것도 없는데 무슨 휴식을 취해.'라는 생각을 하는 취업준비생들을 종종 볼 수 있다. 그런 생각들은 곧 '난 저런 곳에 취업할 자격이 안 돼.'라는 위험한 생각으로 변하게 된다. 그런 생각 때문에 합격으로부터 점점 멀어지게 된다. 일종의 자기최면이다.

나는 그럴 만한 자격이나 실력이 안 된다고 생각하게 되면 그렇게 만들어진 자기최면으로 인해, 자소서를 쓰거나 면접을 할 때도 자존감과 자신감이 떨어지게 된다. 그리고 그런 생각들은 면접 때 면접관에게 그대로 전달된다. 그 전부터 취업 지원을 할 때 스스로 방해를 한다. 애초에 지원 자체를 못 하게 되거나 하향지원을 하게 되고 준비를 못 하게 된다.

1~3학년의 취업준비생에게는 아르바이트를 추천하지만 4학년, 특히 2학기 때는 아르바이트를 하지 말라고 한다. 아르바이트를 하다 보면 눈높이가 낮아질 수도 있고, 실수하고 혼나면서 마인드가 위축되고 두려움이 생기게 된다. 또 취업준비를 할 시간도 뺏겨 몸이 힘들게 되면 정신적으로도 약해지거나 현실에 안주하게 될 수도 있어서 여러 가지 이유로 취업 직전에는 아르바이트하는 것을 반대한다. 이미 아르바이트를 여러 번 해보았고 오히려 동기부여가 되거나 전공과 관련해서 경력을 쌓을 수 있다면 본인의 판단하에 결정했으면 좋겠다.

그러나 아르바이트는 취업과 다르므로 취업에 방해가 되지 않도록 스케줄 관리도 하고 본인의 마인드 관리를 최우선으로 생각해야 한다. 오히려 마인드를 강화해야 하고 아르바이트로 돈을 버는 것보다 자존감을 높일 수 있다면 오히려 돈을 쓰는 것도 좋은 방법이다.

마인드의 중요성을 알고 평소에도 '나는 취업할 자격이 있

고, 능력이 뛰어나다'라고 생각하고 말해보자! 면접에 반영될
것이다.

20. 이상형의 기준을 정해두고 기업을 비교해보자

우리는 보통 기업에 서류지원을 할 때, 현재 시점에 직원모
집을 하는 기업을 조회하고 자소서를 쓸 수 있을 만큼 기간이
남은 기업 중에 가장 가고 싶은 기업부터 지원한다. 자소서를
쓸 시간이 없이 마감기한이 촉박하거나, 반대로 너무 많이 남
았어도 지원하지 않는다. 대신 다른 기업을 먼저 지원한다.

그리고 내가 합격하지 못할 것 같거나 잘 못 들어본 기업보
다는 익숙하게 들어본 기업에 지원한다. 여기서 가장 잘못된
점은 이것이다. 내가 일하고 싶은 기업이나 내가 원하는 조건
을 먼저 고려하지 않고 지원 가능한 기업목록을 먼저 보기 시
작한다는 것이다.

내가 생각하는 기업에 대한 기준이 없는 상태에서 기업을 먼
저 보게 되면 충동적으로 지원하게 되고, 정작 입사를 했을 때
내가 원하던 기업과 차이가 있을 수밖에 없고 합격 또한 힘들
게 된다. 나와 맞는 기업에 지원한 것이 아니기 때문이다.

취업준비방법

1. 스펙을 이기는 경험

취업준비생들과 같이 자소서를 첨삭해주고 면접을 지도해줄 때, 종종 쓸 내용이 없어서 진도가 안 나갈 때가 있다.

글을 잘 못 써서 문제가 된다면 훈련을 통해서 성장시킬 수 있고 취업에 대한 정보가 부족하다면 같이 찾아보고 알려주면 되지만 개인의 경험에 대해서 기억하지 못하거나 아무런 경험이 없다면 그것만큼 난감한 상황도 없다. 그것은 남이 도와줄 수 없는 부분이다. 본인이 말해주지 않는데 남이 본인의 경험을 알아낼 수는 없다.

보통 자소서를 작성할 때에는 질문에 대한 답을 할 때 자신의 의견, 주장과 근거 사례를 적고 사례를 통해서 배운 점과 느낀 점을 적는다. 그런데 자신의 의견과 주장은 막연하게 있지만 구체적으로 증명할 수 있는 사례나 근거가 부족하다.

경험과 느낀 점을 놓치는 이유 몇 가지
이유1) 평소 경험에 대해 생각을 하지 않는다.
이유2) 사소한 경험은 무시한다.
이유3) 실제로 경험이 별로 없다.
이유4) 무슨 경험이 필요한지 잘 모른다.
이유5) 자소서의 중요성에 대해서 잘 모른다.

이유를 하나씩 보자.

이유1) 평소 경험에 대해 생각을 하지 않는다.

이런 이유를 예방하기 위해서는 저학년 때부터 이력서, 자소서를 써 보라고 추천을 한다. 이런 분들은 무언가를 안 해서 그런 경우도 있겠지만 그동안 해온 것들을 기억하지 못하고 지나칠 경우가 많다. 취업트레이닝하면서 물어보면 다들 다양한 경험이 있는데 평소에 생각을 하지 않았기 때문에 밖으로 꺼내는데 시간이 걸리는 것이다.

그 이유는 경험을 하면서도 그것이 나에게 어떤 도움이 될지, 자소서를 쓰는데 어떤 영향을 줄지에 대해서 생각하지 않고 경험을 했으며, 그만큼 내게 필요한 경험을 선택해서 하지 않고 살아왔다는 뜻이다. 그러한 문제를 개선하기 위한 가장 좋은 방법이 있다.

이력서를 미리 써라. 4학년 2학기가 되어 취업할 때가 되어서 그때부터 이력서와 자소서를 쓰기 시작하면 당연히 그동안의 경험을 따로 생각하지 않게 된다. 막상 4학년 2학기가 되어서 취업을 하려고 보니 경험이 필요하고, 그동안에 준비하지 않았던 것이 후회가 되어서 그때부터 갑자기 여러 스펙을 부랴부랴 준비하게 되고 그럴 시간이 없는 경우 휴학을 하기도 한다. 그러나 그렇게 해서는 제대로 된 준비를 할 수도 없고 좋은 평가를 받을 수 없다.

봉사활동을 하거나 자격증을 따는 것도 활동일자를 기록하게 되어 있고 1, 2, 3학년 동안 전혀 활동을 안 하다가 4학년 2학기 때 이력서 한 줄을 위해서 어쩔 수 없이 활동을 한 것으로 보이면 오히려 다른 경험까지 가식적으로 보일 수 있다.

가능하다면 대학교 1학년 때 이력서와 자소서를 한번 써 보라고 추천한다. 나의 경우는 어렸을 때부터 이력서와 자소서를 많이 써 봤기 때문에 내가 무엇이 부족하고 기업에서 무엇을 요구하는지에 대해서 잘 알고 있었다.

그래서 나에게 부족한 부분을 선택적으로 보완할 수 있었고, 기업에서 요구하는 조건에 충족될 수 있었다. 특히 중요하게 생각했던 부분은 현재의 트렌드보다는 내가 취업을 하게 될 때의 시점에 필요한 능력이 무엇이 있을까에 초점을 맞췄다. 그렇기 때문에 시간낭비 없이 좋은 평가를 받을 수 있었다. 첫 직장에 취업하는 나이가 27살 이후일 수도 있다. 20살의 독자라면 7년 후를 예측할 필요가 있다.

이유2) 사소한 경험은 무시한다.

자소서를 작성하지 못하는 경우를 보면 질문에 대한 답변을 할 때에 적절한 경험을 찾지 못하는 경우가 많다. 분명히 똑같은 기간 동안 대학생활을 했지만 누군가는 많은 소재거리 중에 골라서 쓰고, 다른 누군가는 소재거리가 부족해서 쓰지 못한다. 그래서 가끔 소재거리를 지어내거나 다른 사람의 사례를 인용해서 자신의 이야기처럼 쓰는 경우도 있다.

대학생활을 하면서 그러한 경험이 없는 것은 반성할만하지만 굳이 지어낼 필요가 없다. 경험이 대단하다고 꼭 합격하는 것도 아니며 이렇다 할 경험이 없다고 무조건 안 좋은 점수를 받는 것도 아니다. 중요한 것은 그 경험을 통해서 배운 점과 느낀 점이다. 대단한 경험을 하면 더 많이 배우고 느낄 확률은 높지만 기업에서 진짜 원하는 것은 얼마나 배우고 느낄 수 있느냐 하는 것이다.

기업에서 직원들을 채용한 후에 직원들의 실력을 기르기 위해서 직원 교육을 한다. 이때에 하나라도 배우고 느끼려고 노력하는 직원이 있는 반면에 노력하는 태도를 보이지 않는 신입사원도 있다.

기업에서 중요하게 생각하는 것은 신입사원의 태도이다. 능력이나 특별한 경험이 아닌, 가지고 있는 태도와 마인드, 그리고 많은 경험을 하려는 의지이다. 그렇기 때문에 대단한 경험만을 말하기보다는 사소한 경험일지라도 본인이 크게 배웠거나 느꼈던 경험이 있다면 충분히 좋은 사례가 될 수 있다.

내가 했던 실패가 좋은 경험이 될 수도 있고 정말 사소한 것이나 간접경험이어도 좋다. 경험을 통해서 배우고 느낀 점을 앞으로 직장생활을 하면서 어떻게 업무에 적용시킬 것인지가 더 중요하다. 여러 경험을 해보고 그것을 최대한 구체적으로 작성해야 한다.

나의 경우도 성공했고 좋았던 경험보다 실패했거나 크게 충격을 받았던 경험을 통해서 많이 배우고 느꼈다. 옛말에 '젊었을 때 고생은 사서도 한다.'라는 말은 고생을 하거나 실패를 하게 되면 그만큼 많이 배우고 성장할 수 있다는 의미이다.

나는 자소서에 인간관계를 하면서 겪었던 어려움을 통해서 많이 성장하고 성격이 바뀌었던 사례를 적었다. 그리고 그것은 면접에 크게 도움이 되었다. 왜냐하면 앞으로도 회사생활을 하면서 그런 어려움을 많이 겪게 되기 때문이다. 앞으로는 사소한 경험도 잘 생각해보고 어떻게 내가 지원하는 분야와 관련이 있을지에 대해서 잘 생각해보자.

이유3) 실제로 경험이 별로 없다.

경험을 통해서 배웠거나 느낀 점이 없는 경우이다. 이러한 경우에는 정말 해결하기 힘들다. 이렇게 되면 선택을 할 필요가 있다. 이유2)처럼 사소한 사례나 실패담을 바탕으로 작성하거나 늦게라도 경험을 몇 개 해보는 방법이 있다. 물론 대학교 1학년 때부터 준비를 했다면 더 좋겠지만 자소서를 작성하고 면접을 준비하기 위해서는 최소한의 경험을 해봐야 한다. 이것은 자소서를 떠나서도 자신에게 도움이 되므로 꼭 해보기를 권장한다.

대학교는 이론 공부만을 하거나 책상에 앉아서 하는 공부 외에 다양한 경험을 할 수 있는 가장 좋은 시기이다. 또 기업에서도 그것을 요구하고 있다. 그렇기 때문에 책상에 앉아서 하는 공부만 하지 말고 활동을 꼭 해보자.

이유 4) 무슨 경험이 필요한지 잘 모른다.

지원 부서에 따라서 어떤 경험이 필요한지, 어떤 역량이 요구되는지에 대해서 알 필요가 있다. 물론 정답은 없다. 면접관마다 기준이나 의견이 다르고 신입사원에게 주어질 업무 특성에 따라서 천차만별이기 때문에 대략적으로만 알아보자.

지금부터 이야기하는 것은 인터넷에도 있으므로 꼭 찾아보자. 내가 회사생활을 하면서 느꼈던 부서별 필요 역량과 인재상에 대해서 키워드만 알아보자.

- 인사관리/인사팀: 굉장히 중요한 사안에 대해서 다루고 있으며 인사와 직접적으로 관련된 업무를 하고 있으므로 공정성과 정직성이 있어야 하며, 회사의 기밀을 유지할 수 있는 사람이 필요하다.
- 영업부/해외영업: 영업부서는 영업을 해야 하기 때문에 사람을 만나는 일이 많고 사교적이어야 한다. 체력이 좋아야 하며 해외영업의 경우에는 외국어 능력을 요구한다.
- 연구직: 전공지식을 많이 갖고 있고 연구에 대한 열정이 필요하다. 한 가지 일에 몰두할 수 있는 집중력을 요구한다.

이처럼 내가 가려는 부서, 직무, 회사에서 어떤 역량을 요구하고 있는지, 어떤 경험이나 자격을 우대하고 있는지에 대해서 알고, 자소서와 면접에서 꼭 어필해야 한다.

부서마다 원하는 인재상이 비슷한 것도 있지만 부서의 업무 특성에 따라서 각기 다른 부분도 존재한다. 앞의 내용을 참고해서 인사과에서 결원 1명을 뽑으려고 하는데 적용했던 기준을 맞춰 보자.

다음 인재 중에 가장 먼저 탈락시켰을 것 같은 1명을 고르시오.

① 연구를 좋아하는 사람

② 운동을 싫어하는 사람

③ 사교적인 사람

④ 영어를 잘하지 못하는 사람

가장 먼저 떨어졌던 사람은 ③ 사교적인 사람이었다. 물론 회사, 부서, 담당 업무, 면접관마다 생각이 다르지만 이번의 경우에는 이랬다. 인사과에서는 보통 채용, 교육, 평가, 진급, 징계, 퇴사 등의 업무를 한다.

직속 업무를 하거나 중요 업무를 다루고 진급, 징계, 퇴사 등의 민감한 업무를 담당하는데 친분에 의해서 업무에 방해가 되거나 중요한 내용이 확정되기 전에 외부로 유출될 우려가 있다면 회사의 입장에서는 경계가 될 수 있다. 평가, 진급, 징계의 업무를 담당한다면 경우에 따라서 사교적이거나 즉흥적인 것보다는 차분하고 객관적인 부분을 어필하는 것이 유리하다. 그것을 파악하지 않고 일반적인 인재상을 생각해서 어필한다면 회사에서 원하는 방향과 맞지 않을 수도 있다.

회사와 방향을 맞춘다는 것이 얼마나 중요한지에 대해서 생각해보자. 이것은 단순히 회사에 맞는 인재인가를 가려내기 위한 것만은 아니다. 회사에서는 다방면에 유능한 인재를 원하면서도 회사에 가장 도움이 될 직원을 채용하고 싶다. 능력만 좋다고 일을 잘하는 것이 아니라는 것은 인사업무를 조금만 해본 사람이라면 누구나 알고 있다.

대신 그 능력을 온전히 회사 업무에 쏟고 오랫동안 회사에 몸담고 있을 안전한 직원을 원한다. 그래서 인사담당자는 충동적으로 조건 맞춰서 지원한 지원자보다는, 능력이 조금 부족하더라도 기업에 대해서 정확히 알고 오랫동안 준비를 해온 지원자를 뽑기를 원한다. 실제로 그랬을 경우에 더 잘 적응하고 오랫동안 회사에 다닌다는 것을 통계적으로 알기 때문이다.

여기에서 말하고자 하는 핵심은 내가 어떤 능력을 갖추고 있는지를 알리는 것도 좋지만 회사에서 어떤 인재를 원하는지 정확히 파악하고 있다는 것은 회사에 대한 관심이 있다는 것이고, 부서에 잘 적응할 것이기 때문에 인사담당자의 마음에는 정말 크게 와 닿을 것이다. 그러면 조금 능력이 부족한 인재일지라도 한번 믿어보게 되는 것이다.

이유 5) 자소서의 중요성에 대해서 잘 모른다.

이러한 경우는 이력서와 스펙을 중요시하는 경우인데, 서류전형에서 자소서의 비율이 굉장히 높다. 취업준비 기간이 길어지고 스펙 쌓기에 관심이 쏠리면서 상향 평준화가 되었다. 그래서 자소서를 통해서 인재를 구별하려는 시도들이 더 많아지고 있다. 자소서는 정말 중요하다.

2. 합격하려면 '인사담당자'의 말을 믿어라

내가 여러분께 부탁드리고 싶은 것이 많지만 그중에 한 가지는 인사담당자 말을 제발 믿어달라는 것이다. 이 의미는 인사담당자들이 중요하다고 말하는 것, 준비하라고 하는 것을 준비하라는 것이다. 면접관이나 인사담당자들은 열정적으로 이런저런 것들을 준비하라고 하는데 우리는 그 말을 듣지 않고 따르지 않는다.

인사담당자들이 면접에서 지원자를 평가하는 기준에 대해서 인터뷰한 내용이 기사에 나오거나 통계치로 나오면 의심을 하는 경우가 있다. 통계의 내용보다 스펙을 더 중요시할 것이라고 생각하는데, 사실은 그렇지 않다. 인사담당자들이 하는 말은 실제 면접에서 그렇게 해왔기 때문에 답변하는 것이며 굉장히 정확하다.

그러나 제발 인사를 담당하는, 여러분들을 합격시킬 인사담당자, 면접관의 말을 좀 믿어보자. 물론 인사담당자 중에서도 간혹 취업에 대해서 잘 모르는 분들도 있을 수는 있다. 그러나 대부분 실제 경험담을 바탕으로 이야기하며, 다들 후배들이 잘되기를 진심으로 바라는 분들이다. 그러니 합격하고 싶다면 취업설명회나 취업상담회에 가서 들어보거나, 회사 홈페이지에 적어있는 인재상을 확인해봐라. 그리고 그렇게 되기 위해서 노력하자.

한 가지 예외는 있다. 면접관마다 가치관이 다르고 평가 기준이 다를 수 있다. 또 일부 평가를 위한 비공개 기준이 있을 수 있다. 그러나 그것은 신경 쓰지 않아도 된다. 잘 알려진 것들을 준비하기에도 시간이 부족하다.

3. 회사를 알고 나를 알면 100전 100승

취업하려면 기업의 구조를 잘 이해해야 한다. 기업은 어떻게 돌아가고, 왜 사람을 뽑고, 왜 월급을 주는지, 기업의 목적과 목표가 무엇인지에 대해서 정확히는 알지 못하더라도 대략적으로는 알아야 한다. 최소한 기업이 어떤 것인지 찾아보고 내가 어떤 일을 하게 될 것이며 나에게 어떤 것을 기대하는지 나 스스로 생각해봐야 한다.

기업마다 공통적인 부분도 있고 각각 추구하는 바가 다른 경우도 있다. 선호하는 인재상도 다르고 수입구조도 다양하므로 그것을 먼저 알고 맞춰서 준비하면 더 효과적이다.

여러분들의 시간을 아낄 수 있도록 여기서 한번 간단히 알아보자.

(1) 내가 가려는 기업의 분야를 정해보자. 내가 가려는 기업에서 무슨 일을 하는지, 내가 일하고 싶은 부서를 정해보자.
(2) 내가 가려는 기업의 인재상을 알아보자.
(3) 내가 가려는 기업의 지원 자격 및 우대사항을 알아보자.

앞의 내용은 간단히 몇 가지 적은 내용이다. 군이 1번부터 알아볼 필요는 없다. 3번을 먼저 알아보고 만족하는 곳을 정하는 것도 좋은 방법이다. 그렇게 하나씩 찾아보다 보면 점점 취업과 가까워지고 그냥 남들 따라서 어떻게, 왜 필요한지도 모르는 스펙을 준비하는 것보다 훨씬 도움이 될 것이다.

자 이제 앞에 1번 항목부터 간단하게 생각을 정리해보자.

(1) 내가 가려는 기업의 분야를 정해보자. 내가 가려는 기업에서 무슨 일을 하는지, 내가 일하고 싶은 부서를 정해보자.

나의 전공과 적성을 생각해보자. 전공은 기계공학과이고 적성은 관리나 개선 쪽에 가깝다. 그래서 처음으로 선택한 직장이 S중공업 생산관리이다. 그리고 S그룹의 인재상과 경영이념이 내 생각과 많이 맞아서 선택하게 되었다.

1번의 항목에 대해서 생각해보는 방법은 먼저 나의 전공과 적성을 생각해보는 것이다. 적성을 쉽게 찾는 방법이 있다. 업무를 하는 현장의 분위기를 상상해보고 내가 그곳에서 일한다고 머릿속에 그려보자. 드라마나 영화의 한 장면을 떠올리면서 상상해봐도 좋다.

나 같은 경우는 똑같은 일을 매일 반복하는 작업이나, 급박하게 돌아가는 상황, 위험한 일, 의자에 가만히 앉아서 하는 일, 말하지 않고 몸으로만 하는 일, 경력이 쌓이지 않는 일은 나와 맞지 않고, 반대로 문제점을 발견하고 개선하는 일, 낡은 제도와 비효율적인 시스템을 개선하는 일, 사람과 사람 사이에서 대화로 하는 일, 일정한 틀이 없고 형식이나 방법이 자유로운 일, 나의 능력을 최대한 발휘할 수 있고 인정해주는 일은 나와 적성이 맞는다고 생각했다. 그 뒤에 나와 맞는 분야를 찾았다.

혹시 "당연히 누구나 저런 일을 좋아하지, 너무 뻔한 것을 적성이라고 써뒀다."라고 이야기할지도 모른다. 그러나 여기서 내가 말하고 싶은 것은 누구나 저러한 일을 하고 싶어 하지만 나처럼 저렇게 정리해보지 않으면 자신의 적성을 구체적으로 찾기가 힘들고 시간이 오래 걸린다는 것이다.

또 우리가 취업을 준비하면서 내 능력을 쌓으려는 노력을 많이 하지만 정작 내가 무엇을 해왔는지 내가 어떤 사람인지에 대해서는 깊게 생각해봐야 한다. 말 그대로 앞만 보고 달리거나 걷다 보니 어디를 가는지 어디서 왔는지 어떻게 왔는지에 대해서는 생각해 볼 수가 없다.

내 능력을 키우고 기업에서 원하는 인재가 되는 것은 물론 중요하지만 그렇게 되기 위해서, 우리는 나에 대해서 생각해 볼 필요가 있다. 억지로 끼워 맞추기보다는 내 적성을 정확히 알고 또 정리하거나 글로 적어볼 필요가 있다. 머릿속에 대략 생각하는 것과 정리하는 것을 엄연한 차이가 있다.

내 적성에 공감한다면 각자 펜을 들어서 한번 간단하게 적어보자. 좋아하는 것이 없다면 싫어하는 것만이라도 적어보자. 또 내가 가려는 부서도 생각을 해보자. 같은 대학교에서 전공마다 배우는 것, 환경, 취업 진로가 전부 다르듯이 같은 기업

내에서도 부서마다 하는 일과 앞으로의 미래가 전혀 다르다.

(2) 내가 가려는 기업의 인재상을 알아보자.

기업의 인재상을 보면 느낄 수 있겠지만 보통 3~5개 정도의 강점을 인재상으로 하며, 기업별로 공통적인 부분이 많이 있다. 그만큼 어느 회사에서든 조직에서든 원하는 인재상이 비슷하고 기업과 부서의 특성에 맞게 1~2개 정도 차별된 인재상이 있다는 것을 알 수 있다. 이처럼 인재상에 가까워지려고 노력을 한다면 자신이 원하는 기업에 쉽게 들어갈 수 있다.

요즘 우리가 말하는 스펙을 준비하는 것이 아닌 기업의 인재상을 파악하고 인재상에 가까워지도록 노력하면 스펙이 없어도 어렵지 않게 채용이 될 수 있다.

(3) 내가 가려는 기업의 지원 자격 및 우대사항을 알아보자.

지원 자격에 대해서는 앞서 살펴봤으므로 한 가지만 이야기하자면 기업에서 원하는 조건보다 더 많이 준비하거나 자격조건이 아닌 것을 마치 자격조건처럼 짐작해서 과하게 준비하는 경우도 있다. 물론 남들보다 더 준비하고, 차별화되고, 더 많은 능력을 갖추게 된다면 좋은 것임이 틀림없지만 중요한 것은 일단 취업을 해야 한다는 것이고 정해진 기간 내에 취업준비를 마쳐야 한다는 것이다.

또 우대사항을 설명하자면, 특정 성별, 나이, 경력 여부, 관련 전공, 관련 자격증, 현재 상황 등을 고려해서 업무에 유리하다고 판단하는 인재를 뽑는다. 우대사항은 일반적으로 모집 공고에 적어둔다.

4. 취업할 때까지 준비하겠다는 생각은 위험하다

- 단기, 중기, 장기 계획을 세우자

학교에서 시험을 볼 때도, 자격증을 따거나 어떤 일정을 소화해낼 때에도 내가 정한 일정이 아니라 제시해주는 전체적인 일정에 따르는 것이 몸에 배어 있다. 물론 취업준비를 하는 과정은 비슷하겠지만 막연히 될 때까지 하겠다는 생각을 해서는 안 된다. 그렇다고 내가 모든 준비가 될 때까지 기다렸다가 지원을 하겠다는 생각도 위험하다. 그렇다면 어떻게 해야 할까?

장기, 중기, 단기계획을 세워야 한다. 모든 준비가 돼서 지원하면 합격할 확률은 높을 수 있다. 그러나 한 가지 생각해야 할 부분은 같은 스펙일 경우라도 나이가 많으면 어린것보다 불리한 입장이 되거나 상대적으로 안 좋은 평가를 받는다.

아무래도 나이가 어리다는 것은 좋게 평가가 될 수밖에 없다. 그것은 크게 두 가지 이유를 들 수 있다. 먼저 짧은 시간 동안 또는 주어진 시간 동안에 취업할 만한 능력을 갖추었다는 점에서 더 많은 시간 동안 준비한 사람보다 높은 평가를 받는다.

취업은 문제를 잘 풀어서 합격하는 시험이 아니다. 모든 요소를 전부 점검하기 때문에 나이도 영향을 준다. 물론 나이에 대한 커트라인이나 기준은 표면상으로 제시하지 않고 있지만 분명히 나이제한을 두고 있다. 즉 회사에서 직원에게 같은 시간 동안 같은 과제를 주었을 때 어떤 직원이 더 효율적으로 일하며 높은 생산성을 낼지에 대한 판단을 해 볼 수 있다.

두 번째는 사람과의 관계가 쉽다. 회사의 특성에 따라서 다른데, 나이가 많아서 신입으로 들어가게 되면 나보다 나이 어린 선배의 지시를 받아야 하거나 새로운 것을 배워야 하며, 나이 어린 선배는 나이 많은 후배를 불편해하는 경우가 있기도 하다. 그래서 효율이 떨어지거나 적응하지 못하는 경우가 간혹 있기에 나이가 너무 많은 신입은 상대적으로 불리하다.

남들보다 먼저 준비해서 기간을 넘기지 않고 취업을 하며 기대수준을 낮춰서라도 될 때까지 취업준비를 하겠다는 생각을 버리자. 부록을 참고하여 대학교 생활을 1년 단위, 1학기 단위로 계획을 세워보자. 학기중, 방학 때 할 수 있는 것이 다르기 때문에 시기를 놓치지 않도록 계획을 세우고 실천해야 한다. 취업을 위해서 필요한 역량을 적고 역량을 갖추기 위한 사례를 계획하고, 그것을 하기 위한 실질적인 준비와 시간계획을 세우자. 장기, 중기, 단기 계획을 세우는 것이 중요하다.

5. 기업분석은 어떻게 해야 할까?

저자의 결론부터 말하면 취업을 준비하는데 기업분석은 가볍게 하자.

각각의 회사를 분석하기에는 너무 많고 힘들다. 홈페이지에 나와 있는 정보, 뉴스 기사의 세세한 숫자까지 외울 필요도 없다. 기업의 특성을 알고 무슨 일을 할지 생각해보자. 기업분석을 너무 전문적으로 하면 준비하기 부담스럽다.

종종 기업분석에 너무 많은 시간을 쓰는 경우나 기업분석 스터디를 위해서 자료를 만드는 경우도 보았는데, 기업을 분석을 자세하게 해도 좋지만 효율적으로 하는 것이 중요하므로 너무 자세하게 기업분석을 하지는 말자. 이직률, 취급하는 제품, 전체적인 분위기, 기업에서 실시하고 있는 직원 교육 정책 등을 찾아보고 견학할 수 있다면 해보자. 또 면접이나 자소서의 질문, 모집 공고 등을 보면서 기업의 성격을 최대한 유추해 보는 방법도 좋다.

감독이 선수에게 지시할 때 행동 하나하나까지 정해주지 않는다. 큰 틀만 잡고 넘어가도 좋다. 오히려 너무 세세하게 감독이 행동을 정해주게 되면 선수들은 행동에 제약이 생긴다.

기업분석을 할 때 기업에 대해서도 알고 기업이 지원자에게 바라는 모습도 알아야 한다. 그러나 기업이 원하는 모습에 전부 맞출 수도 없으며 나의 원래 모습도 중요하기 때문에 어느 정도 큰 방향에서 맞출 필요는 있지만 내가 원래 가지고 있던 부분을 드러내는 것도 필요하다. 또 인터넷이나 외부로 드러나는 기업정보와 실제 기업 내부 상황은 다른 경우도 있기 때문에 기업분석을 하는데 너무 많은 시간을 보내거나 인재상에 100% 맞지 않는다고 낙담하지도 말자.

취업준비생에게 좋은 자료는 스펙업, 취업뽀개기, 독취사, 사람인, 잡코리아, 공준모, 잡플래닛 등의 카페, 블로그에 있으므로 참고하면 더 좋다. 모집 공고는 모집을 마감하면 다시 지우기 때문에 4학년이 되기 전에도 미리 찾아서 준비하고, 4학년 때 공채가 뜨면 바로 지원하자.

6. 회사는 어떻게 인재상을 정할까?

회사의 특성, 조직 자체의 특성을 먼저 파악하자. 그리고 각각의 특성에 대해 요구되는 인재상이나 필요한 요인들에 대해서 알아보자.

회사는 이익을 추구하기 위해서 모인 집단이고 이익이 발생하지 않으면 회사로서의 의미가 없어진다. 그리고 여러 사람이 모여 있고 각각의 역할을 하면서 전체가 이익이 될 수 있고 지속 가능하도록 운영해나가는 것이다. 그렇기 위해서 회사에는 정해진 규칙이 있고 그것을 따라야 한다.

직장인들 개개인의 시각에서 바라본 회사라는 조직의 특성이며 직장인이 기대하는 후배들의 모습이기도 하다. 그러므로 회사에서 제시하고 추구하는 특성과는 거리가 있을 수 있다는 점을 미리 말한다.

또 다음에 이야기하는 조직의 특성을 100% 맞출 수도 없을 뿐더러 무조건 회사에서 요구하는 대로 맞추라는 뜻도 아니지만 알고 있어야 한다. 예를 들어, 협상할 때 상대방이 요구하는 것을 알고 있으면 유리하게 협상을 이끌어갈 수 있다. 균형 있는 협상을 하고 최적의 효과를 내기 위한 것이지, 협상에서 상대방이 요구하는 모든 것을 들어주라는 뜻은 아니므로 선택을 잘하길 바란다.

조직의 특성에 대해서 알아보자.

(1) 유동성

① 상사, 담당자, 시스템이 바뀔 수 있다.

② 부서 및 업무가 변동 가능하다.

회사의 특성을 고려해서 자소서를 작성하고 면접을 준비하자. 또 회사생활을 할 때도 도움이 되기 때문에 잘 알아두면 유용하다. 회사에 자신을 효율적으로 어필하는 것에도 도움이 되지만 내가 회사의 특성을 이해하고 선택하기 위해서도 꼭 필요한 과정이므로 깊이 생각해보자.

회사는 유동성이 있다. 회사는 물질적으로든 정신적으로든 계속해서 변하고 있고 발전하고 적응하고 있다. 크게는 사업 분야가 변하고 사람이 변하고 방향이 변한다. 그렇게 되기 위해서는 새로운 사업을 시작하기도 하고 유지하던 사업을 중단하거나 축소하기도 한다. 그에 따라 인사적인 이동이 있을 수밖에 없다. 인사이동이나 리더의 마인드에 따라서 방향도 변하게 된다. 내/외부적인 요인에 의해서 계속해서 변하게 되어있다.

내가 회사에 다닐 때는 특히 이동이 많았다. 교육 기간을 포함하여 1년 7개월 동안 내가 하던 업무가 6번이 변경되었다. 부서의 변경도 있었고, 하던 프로젝트의 변경도 있었고, 전혀 다른 업무를 하기도 했었다. 그러면서 다양한 사람을 만나기도 했고 다양한 업무를 하게 되었다.

처음에 부서를 옮겼을 때는 믿기 힘들었고 큰 사건처럼 느껴졌지만 점점 잦은 변화에 익숙해질 수 있었다. 처음에 부서배치 후 2주 정도가 지났을 때 갑자기 '다음 주부터는 다른 부서로 출근해라.'라고 들었을 때는 '회사에서 신입사원에게 몰래카메라를 하는 건가.' 하고 생각이 들었는데 결국 나는 부서를 옮기게 되었다. 그때부터는 항상 언제든지 갑작스럽게 옮겨질 수 있다는 생각을 하고 회사생활을 하게 되었다. 차라리 그렇게 마음먹고 있는 것이 편할 수도 있다.

만약에 회사의 요구로 직원의 부서를 바꿨는데 해당 직원이 가지 않으려고 하거나 회사의 요청대로 되지 않는다면 회사 입장에서는 차질이 생긴다. 그렇기 때문에 언제든 유동적으로 회사의 요청에 따를 직원을 원한다.

부서를 옮기게 되면 업무도 달라지고 하던 일도 달라지고 만나야 하는 사람도 달라진다. 그렇게 되면 그동안 해왔던 업무는 정리하고 새로운 일을 배워서 해야 한다. 새로운 업무, 대인 관계, 장소, 프로그램 등에 적응할 수 있는 사람이 필요하다. 물론 자소서의 질문이나 면접에서 이러한 사실을 지원자들에게 이야기하고 의사를 물어보지는 않는다.

다만 적응력과 사교성, 충성심을 알아보기 위한 노력을 할 것이다. 그러므로 앞의 사례를 미리 알고 왜 적응력, 사교성, 충성심을 요구하는지에 대해서 알고 있으면 그러한 장점들을 어필하여 좋은 평가를 받을 수 있다. 평가관들이 지원자들의 특성을 잘 느낄 수 있도록 노력해보자.

(2) 수직적인 체계
① 귀찮은 일을 해야 할 때도 있다.
② 야근을 할 때도 있다.
③ 스트레스가 많다.

회사라는 조직은 수직적인 체계가 있다. 최근의 추세는 수직적인 모습과 수평적인 모습이 균형을 이루고 있다. 그러나 수직적인 모습은 여전히 있다. 이익을 위한 집단이고 고용주와 직원이 있는 한 수직적인 모습은 불가피하다고 할 수 있다. 수직적인 체계는 보통 직책과 경력 또는 나이로 구분이 되며 특별한 경우에 능력으로 구분이 되기도 한다.

일반적인 경우 직책이 높고 경력이 많은 사람은 그렇지 않은 사람보다 일을 잘하고 연봉을 많이 받는다. 그 말은 회사가 해당 직원에게 많은 돈을 투자하고 있기 때문에 누구나 할 수 있는 일이나 쉽게 할 수 있는 일을 시키지는 않는다. 그 일은 연봉이 낮거나 경력이 낮은 직원이 대신하게 된다.

그렇기 때문에 능률은 높지 않지만 해야 하는 귀찮은 일을 맡아서 할 때도 있고, 그로 인해서 스트레스를 받기도 한다. 또 일이 많아질 경우 야근을 할 수 있는 상황이 있기도 하다. 평가관은 자소서의 내용과 면접 답변을 통해서 이러한 업무를 수용할 수 있는 직원인지를 피악하고자 한다. 그래서 고려하는 부분이 스트레스를 잘 받지 않고, 사소한 일에도 최선을 다하며 맡은 바 업무에 책임을 갖고 하는 지원자를 뽑기를 바란다. 그러한 부분을 어필하고 싶다면 앞의 사례를 잘 이해하고 응용을 하여 자신을 생각해보면 좋은 방향을 알 수 있을 것이다.

(3) 조직과 소속

① 불편한 사람 대하는 일이 있다.

② 화목한 분위기를 원한다.

③ 회식을 한다.

④ 체육활동을 한다.

⑤ 솔선수범과 시행착오를 해 볼 사람이 필요하다.

⑥ 업무를 대신 처리할 사람도 필요하다.

⑦ 소수의 희생에 의한 다수의 행복을 요구하기도 한다.

조직 속에서 함께 어울리며 지속해 나갈 수 있는 인재가 필요하다. 또 내가 해야 하는 의무가 없더라도 회사 전체를 위해서는 역할을 해야 할 수도 있고, 다른 사람의 일이나 역할을 대신할 수도 있다.

(4) 비용을 최소화

① 같은 시간동안 많은 일을 해야 한다.

② 기업의 설립목적은 이윤추구이다.

③ 조직원 각각의 능력과 연봉이 다르다.

월급에 비해서 많은 일을 하고 비용을 최소화할 수 있는 인재를 원한다. 비용이 들어가는 것은 여러 가지가 있는데 본인이 잘 할 수 있는 요소를 찾아서 하는 것이 중요하다. 상급자들의 시간을 아껴주고 상급자들이 할 일을 내가 대신할 수 있다면 그 시간에 상급자는 내가 할 수 없는 일을 할 수 있게 되고 회사는 나로 인해서 비용을 줄일 수 있게 된다.

(5) 지속적인 발전

① 지식과 시스템에 대한 창의적인 아이디어를 제공해야 한다.

신입사원 또는 경력으로 들어온 지 얼마 안 된 사원은 회사 내의 현상에 대해서, 이미 적응되어버린 내부 사람들과 다른 시선을 가지고 바라볼 수 있다. 당연히 해오던 것도 '왜 이렇게 해야 하지? 이렇게 하면 어떨까?'라는 생각을 할 수 있으면 계속해서 발전되고 새로운 아이디어가 생긴다.

(6) 전통을 유지, 계승

① 운영방식을 유지할 수 있어야 한다.

② 시스템은 있는 그대로 수용한다.

③ 개인에게는 비효율적인 요소가 존재한다.

(5)와 반대되는 부분인데 지금까지 이렇게 해 온 데는 이유가 있다. 그리고 설령 비효율적이라고 해도 전체를 바꾸는 것보다 기존의 것을 유지하는 것이 더 이득이라면 전체의 규정에 따르는 것도 필요하다. 그 과정에서 마찰이 생기지 않고, 잘 적응할 수 있는 인재를 원한다.

7. 자소서를 쓰기 전에 말로 '녹음'해야 하는 이유

- 리듬 연습법

자소서를 먼저 쓸 것인지 면접을 먼저 준비할 것인지 같이 한번 생각해보자. 우리가 평소에 말은 많이 해왔다. 그런데 글을 써본 적은 거의 없다. 하고자 하는 말이 머릿속에 이미 정해져 있거나 형식 없이 아무렇게나 쓰는 것은 잘할 수 있어도 자소서처럼 중요하고 깊게 생각해야 하는 것들, 많이 생각해보지 않았던 것들은 바로 글로 쓰는 것이 매우 힘들다.

나 역시 그렇다. 책을 쓰고 있지만 이것들은 내가 평소에 생각했던 부분이기 때문에 바로 쓸 수 있고, 그런 과정을 거치지 않았다면 힘들다. 물론 자꾸 하다 보면 바로 글로 써지겠지만 그렇지 않았던 우리는 자소서를 글로 쓰기가 정말 힘들다. 자기소개로 무슨 말을 해야 할지도 모르는데 잘 쓰지도 못하는 글까지 써야 한다면 얼마나 어렵고 진도가 안 나가겠는가.

이것과 비슷한 예로 영어공부를 하는 방법을 하나만 접목해 보자. 갑자기 영어를 바로 말하라고 하면 굉장히 어렵다. 영어도 못 하는데 무슨 말을 해야 할지도 전혀 생각이 나지 않는다. 영어를 할 줄 아는 사람이라도 갑자기 아무 말이나 해보라고 하면 말이 술술 나오지는 않는다.

① 할 말의 내용도 생각해야 하고 ② 영어로 번역도 해야 한다. 이와 마찬가지로 ① 자소서의 내용도 생각하고 ② 글도 잘 적으려 하니 어려운 것이다.

그래서 영어공부를 할 때 먼저 한글로 하고 싶은 말을 하고 그 뒤에 그것을 영어로 번역하면 훨씬 수월하다. 또는 이미 작성되어있는 한글을 영어로 번역한다면 말할 내용을 만들어내지 않고 영어만 말해도 돼서 쉽다.

이것과 마찬가지로 처음부터 자소서를 글로 쓰지 말고 질문에 대해서 말로 대답해보자. 말로 하면 속도도 빠르게 할 수도 있고 생각보다 쉽다. 단, 말을 하면서 내용에 너무 많은 신경을 쓰지 않도록 한다. 틀릴 수도 있고 어눌해도 괜찮다. 심지어 연습할 때는 말하는 모든 것이 사실이 아니어도 좋다.

일단 아무 대답이나 해보자. 그러면 처음에는 횡설수설하지만 어느 정도 하다 보면 방향이 잡히고 말도 제법 잘 나온다. 몸이 풀리는 것 같은 효과이다. 며칠만 해도 감이 잡힌다. 그렇게 다음 질문에 대답을 해보자.

1분간 자기소개를 해보세요.

여기서 꼭 지켜야 할 부분은 대답하려던 질문에 대답을 끊김 없이 말해야 하며 녹음하거나 동영상으로 촬영해보자. 촬영이 끝나고 그것을 재생해보자. 글로 한 번에 쓰는 것보다 훨씬 많은 내용을 말했고 내용도 더 나아졌을 것이다.

이제는 그것을 들으면서 글로 천천히 적어보자. 그러면 처음에 자소서를 바로 적을 때보다 훨씬 빠르고 자연스럽게 적을 수 있다. 어릴 때 부모님께 편지를 써본 적이 있을 것이다. 그때 제일 어려운 것은 무슨 말을 해야 할지 모르거나, 할 말은 많은데 어떻게 써야 할지 어렵다.

그때 역시 마찬가지이다. 무슨 말을 할지 말로 해보고 그대로 적으면 된다. 자소서를 바로 적지 말고 먼저 질문에 대한 나의 주제를 정하고 대답을 말로 해본다. 이때는 너무 오래 생각하지 말고 바로 말해보자. 말을 하면서 방향을 잡으면 된다. 말을 빨리, 크게, 이어서 하는 것이 중요하다.

글을 쓰는 것보다 말로 하는 것이 이어나가기에 쉽다. 빨리 말하다 보면 내가 지금까지 무슨 말을 해왔는지 알 수 있고 다음 말을 이어가기가 쉽다. 그러나 글로 쓰게 되면 글씨를 쓰면서 그 앞의 상황을 앞서서 생각하는 게 어렵다. 아이들을 보면 글씨를 쓰면서 쓰는 것을 말로 하는 경우를 봤을 것이다. 선생님을 글씨로 쓴다면 "선.생.님" 하면서 적는다. 현재 쓰고 있는 것을 말하거나 생각하는 것은 가능하지만 '선생님'이라고 쓰면서 앞으로 말할 것을 생각하거나 다른 대화를 하는 것은 매우 힘들다. 녹음하면서 연습하자.

말로 할 때와 비교해서 글로 쓸 때의 차이점은 글로 쓰게 되면 속도가 안 나오고 내가 무슨 글을 썼는지 다시 읽어봐야 다음 말을 어떻게 쓸지 알 수가 있다. 컴퓨터 자판이 아니고 연필로 글씨를 쓰면 더 느려서 더 생각이 안 날 것이다.

그렇게 되면 매끄럽게 글을 쓰기가 힘들다. 내 능력껏 최선을 다해서 작성해도 소리내어 읽어보면 내용이 이상하기도 하다. 그리고 말을 할 때도 빨리 이어서 해야 하는 이유도 비슷하다. 말을 단어 단위로 끊어서 말하다 보면 실력이 잘 늘지 않는다. 방법을 말하기 전에 이처럼 말하는 원리를 이해하기 위한 한 가지 실험을 해보자. 한 명이 노래하고 한 명은 들어보자.

[실험 1]은 허밍(콧노래)으로만 누구나 알 수 있는 노래를 흥얼거려보자. 또는 가사를 빼고 음으로만 불러보자. 정확한 음을 잡지 않아도 된다.

예를 들어 '학교종이 땡땡땡'을 노래한다면 [실험 1]은 노래를 부르는데 음정을 매우 정확하게 하고 음과 음 사이에 5초의 간격을 두어 노래를 불러보자. 한 음을 부르고 5초 후에 다음 음을 내보자.

실험 2를 부른다면 '랄' …(5초 후)… '랄' …(5초 후)… '랄' …(5초 후)… '랄' …(5초 후)… '랄' …(5초 후)… '랄' …(5초 후)… '라'

[실험 2]는 음정은 틀리더라도 박자에 초점을 맞춰 서로 불러보자. '랄랄랄랄 랄랄라 랄랄랄랄라 랄랄랄랄 랄랄라 랄랄랄랄라'가 될 것이다.

[실험 1]은 음을 정확하게 맞추어서 노래를 불렀는데 무슨 노래인지 쉽게 파악이 되는가? [실험 2]를 들었을 때보다 훨씬 파악하기가 힘들다.

음과 음 사이의 간격이 너무 길었다면 이번에는 3초로 해보자. 5초로 했을 때보다 더 잘 들릴 것이다. 악기가 있다면 악기로 해도 좋다.

아무리 [실험 1]에서 음을 하나하나 정확하게 낸다고 해도 대충 흥얼거리는 [실험 2]보다 잘 알아들을 수가 없다. 심지어 [실험 2]을 원래의 음인 '솔솔라라 솔솔미'의 음이 아니라 '라라시시 라라파'의 음으로 불렀어도 실험 1보다 더 잘 알아들을 수가 있다.

그 이유는 무엇일까? 이어서 불렀기 때문이다. 이어서 부르게 되면 그만큼 머릿속에서 전체를 연결 지어서 생각하기 쉬워진다. 반면에 더 완벽한 음을 내겠다고 천천히 한 음씩 부른다면 훨씬 파악하기가 힘들 것이다. 한 가지 더 생각해볼 것은 부르는 사람도 이어서 불렀을 때 음을 잡기에 훨씬 쉽다는 것을 부르면서 느꼈을 것이다. 원래 노래도 첫 음을 잡기가 힘들다는 말을 많이 한다. 마찬가지이다. 그럴 때는 어떻게 해야 할까? 일단 첫 음이 틀렸더라도 노래를 이어나가면서 맞춰 가면 된다. 그러나 첫 음이 안 맞아서 계속 중단하고 첫 음을 맞추려고 한다면 훨씬 진도가 늦을 것이다.

그래서 글쓰기가 잘 안되더라도 끊지말고 속도감 있게 써야한다. 그러다 보면 잘 안써지던 글도 잘 쓸 수 있게 된다. 내용이 떠오르지 않더라도, 일단 시작하면 말을 이어가야 한다는 것을 깨닫게 될 것이다. 바로 자소서를 글로 적지 말고 말로 빨리 말해보면서 녹음한 뒤에 그것을 들으면서 자소서를 작성해보자. 그러면 훨씬 좋은 글을 쓸 수 있다. 이것은 실제 글을 쓰는 작가들이 사용하고 있는 훌륭한 방법이다.

8. 취업에 대한 우리의 잘못된 사고방식

우리는 어렸을 때부터 객관식 풀이와 시험에 너무나도 익숙해져 있다. 그래서 습관처럼 굳어져 버린 생각들이 몇 가지 있다. 이러한 습관들은 취업하는데 방해가 되므로 본인을 돌아보고 고쳐야 한다.

(1) 찍어서 맞히면 맞은 것이다. 그러나 잘 풀었는데 밀려 쓰면 틀린 것이다.

(2) 시험지를 한번 제출하면 다시는 고칠 수가 없다.

(3) 시험 시간 50분 내에만 풀면 되고 굳이 빨리 풀 필요가 없다.

(4) 시험에 나오는 것만 공부하는 게 훨씬 효율적이고 시험에 안 나오는 것을 공부하는 것은 손해이다.

(5) 공부를 많이 한 사람보다 잘 찍는 사람이 시험을 더 잘 볼 수도 있다.

(6) 5지선다 문제의 답은 무조건 5개 중에 있다.

(7) 공부의 최종 목표 시점은 시험 기간까지이다.

(8) 커닝이라는 것이 존재한다.

(9) 시험은 공부하고 생각해서 답을 적는다.

(10) 평균점수가 높은 사람이 좋은 등수를 받는다. 따라서 이미 100점 맞을 수 있게 잘하는 과목은 공부할 필요가 없다.

앞에 작성된 것 외에도 더 있지만 우리에게 큰 영향을 주는 10가지 생각들에 대해서 살펴보자. 각각의 당연하게 굳어진 생각들이 우리에게 어떤 영향을 주고 우리를 어떻게 행동하게 하는지 생각해보자.

(1)번은 찍어서 맞추면 맞은 것이다. 객관식 시험에서 다섯 개중에 하나를 잘 찍으면 20%의 확률로 맞출 수 있다. 답을 몰라도 잘 찍으면 맞을 수도 있기 때문에 모르는 문제는 빨리 찍고 아는 문제에 시간을 더 써야 한다. 객관식은 5지선다 중의 하나를 맞춰야 인정해주고, 답이 2개라면 2개를 모두 맞춰야 정답으로 인정해준다. 주관식도 모범답안과 답이 같아야만 정답으로 인정해준다.

그리고 모르는 문제는 시험이 끝난 후에도 끝까지 모르고 지나간다. 그리고 찍어서 맞았을 경우에는 풀어서 틀린 것보다 좋은 결과가 나온다. 그렇게 된다면 굳이 생각해보고 풀어볼 필요가 없는 것이다. 많이 풀었지만 틀린 경우는 그동안의 노력은 고려되지 않고 순간의 선택으로 맞았는지 틀렸는지에만 초점을 맞추게 한다. 물론 시험전략 자체가 나쁘다는 것은 아니다. 그러나 그러한 습관으로 인해서 시험 외의 것에도 시험을 준비할 때의 생각과 행동이 적용되기 때문에 문제다.

그러나 실제로는 최종적인 결과보다는 과정이 더 중요하다. 에디슨이 3,000번의 실패 없이 한 번에 전구를 발명했다면 그의 많은 발명품 중에 하나에 불과했을 것이다.

(2)번은 시험지를 한번 제출하면 다시는 고칠 수가 없다. 그러니 답이 생각날 때까지 중간에 맞는지 틀렸는지 확인을 해볼 수가 없다. 답이라고 확신해서 과감하게 도전했다가는 고칠 기회를 놓쳐버릴 수가 있다. 그래서 답이 생각이 안 나더라도 책을 찾거나 물어볼 수 없고 50분 동안 기다리면서 생각하도록 배워왔다. 그러나 사회에서는 재도전할 수 있고 실패를 뒤집을 수도 있다. 오히려 빨리 실패를 해서 정답을 알아내고 배우는 것이 현명하다.

(3)번은 보통 40~50분 안에 시험문제를 푼다. 내가 남들보다 5배 빨리 모든 문제를 다 풀더라도 일정 시간이 되기 전까지는 나갈 수가 없다. 검토를 한 번 더 할 수는 있지만 다 풀더라도 다음으로 진전이 없으니 굳이 빨리 풀 필요가 없고 50분

이내에 천천히 풀면 된다.

남들보다 빨리 문제를 해결하는 것이 인정을 받지 못하게 되고 오직 맞은 점수로만 평가가 되기 때문에 문제를 해결하며 앞서 나간 사람보다는 천천히 시간에 맞춰 풀어서 1점이라도 높으면 등수가 더 높다. 점수만 보면 남들보다 앞서 나갈 필요가 없게 생각된다. 그러나 사회는 그렇지 않다. 빨리 문제를 해결하는 사람에게는 더 많은 기회가 주어진다.

(4)번은 시험 족보, 기출문제집 등 시험에 나오는 것만 가르치고 공부하는 것을 좋은 공부방법이라고 생각하게 되었다. 시험에 나올 것만 공부하는 것이 훨씬 효율적인 방법이고, 시험에 안 나온다고 알려준 것을 공부하는 것은 손해처럼 느껴진다. 모든 것의 기준이 시험이고 성적이 되었다. 그러나 세상은 그렇지 않다. 시험에 나오지 않는다고 안 해도 되는 것은 아니며 시험 범위라는 것 자체가 없다.

(5)번은 어느 정도 임기응변이나 재치, 순발력은 필요하지만 사회는 겉으로 보이는 것보다 진짜 노력을 한 사람이 훨씬 앞서 나가게 된다. 면접에서도 외워서 말을 잘하는 사람과 진심으로 대답하는 사람은 분명한 차이가 있고 말만 잘하는 사람보다는 진짜 준비를 많이 한 사람, 노력한 사람을 면접관이 알아본다. 겉을 꾸미지 말고 진심으로 다 해라.

(6)번은 우리가 인생의 갈림길에 서게 되면 답은 정말 무수히 많다. 그리고 우리가 책 속에서 배우지 않은 것들이 대부분이다. 누구도 '이것이 정답이다'라고 할 수 없는 것들이 많다. 어떤 사람은 1번을 선택해서 틀리기도 하고 다른 사람은 맞기도 한다. 1번을 선택한 사람이 잘 되었다고 그것이 정답은 아니다. 다만 어떤 선택을 하던 그것에 대한 책임을 져야 하며 그 선택에 최선을 다해야 한다.

(7)번은 공부의 최종 목적은 시험이지만 사회에 나와서는 그렇지 않다.

시험처럼 끝이 정해져 있지 않다. 시험 기간을 미리 알려주지도 않고 시험이 끝났다고 방학을 하지도 않는다. 시험이 아닌 과정이 중요하고 평소에도 꾸준히 노력해야 한다.

(8)번은 공부를 하는 것보다 커닝하는 것을 선택할 수도 있었지만 사회에 나와서는 그렇지 않다. 커닝할 수는 있을지 몰라도 그렇게 해서 따라한 것은 정답이 아니다.

(9)번은 그동안의 평가를 위한 준비방법은 외우고 기억해서 답을 적거나 글로 쓰는 것이 전부였지만 사회에 나가서는 말도 해야 하고, 행동도 해야 하며 장기간 여러 사람과 함께 해야 할 수도 있다. 지금까지 학교에서는 책을 통해서나 선생님께 배우는 것에 익숙해져서 더는 책이나 선생님이 가르쳐주지 않

는 것은 배울 수 없고 스스로 찾아서 배울 수도 없게 되었다. 더이상 책상에만 앉아있어서는 좋은 결과를 낼 수가 없고 직접 몸으로 뛰어보고 느껴야 한다.

(10)번은 시험에서는 평균점수가 높은 사람이 좋은 등수를 받는다. 이미 100점 맞을 수 있게 잘한 과목은 공부할 필요가 없다. 하지만 사회에서는 100점 맞은 과목이 0점 맞은 과목을 커버할 수가 있다.

자신의 직업에서 전문성을 띄면 인정받을 수 있다. 축구선수는 축구를 잘하면 인정받지 축구와 야구를 모두 잘해야 인정받는 것은 아니다. 그것은 야구도 마찬가지이다. 한 가지에서 능력을 인정받으려면 모두 다 잘해야 인정을 받는 것이 아니다. 특히 잘하는 한 가지를 더 키워야 한다.

앞에 정리한 10가지의 생각들 때문에 청소년들이 가치관에 많은 혼란이 오고 있고, 시험으로 인해서 굳어져 버린 생각들을 쉽게 고치기가 힘들다. 특히 우리가 도전하지 않고 미루는 이유는 (1), (2), (3), (4), (9)번 때문이다.

굳이 지금 도전할 필요도 없고 괜히 도전했다가 실패하는 것보다는 일단 기다리는 것이 낫다고 생각하게 된다. 어떤 압박이 주어지지 않으면 행동하지 못하게 되었다. 도전할 용기가 생길 때까지 일단 기다려보고, 정확히 답을 예측할 수 없다면 도전에서 의미를 찾지 못한다. 그러나 더 이상은 학교 시험을 보는 것이 아니다. 지금까지 가졌던 생각을 버리고 과감하게 도전해라.

9. 늦었다고 생각될 때는 진짜 늦었다

문제가 발생했을 때는 이미 늦다. 우리의 문제는 문제가 발생해야만 해결을 한다는 것이다. 일을 미루다 보면 문제가 발생하게 된다. 무언가가 부담스러우면 미루게 되는데 나는 직접 해결하는 게 아니고 조언만 해준다는 생각으로 나의 상황을 고려해서 나에게 조언을 해준다. 그 후에 나의 조언을 듣고 해결을 하자. 그리고 미루는 다양한 원인을 알아보자.

왜 미루게 될까?
(1) 내가 했을 때 크게 이득이 떠오르지 않거나 떠올랐다고 해도 이득이 별로 나에게 영향을 주지 않을 경우
(2) 어떻게 해야 할지 모르는 경우
(3) 하는 방법은 아는데 너무 복잡하거나, 시간이 오래 걸리거나, 하기 위한 노력이 과다 투여될 경우
(4) 혼자서 할 수 없는 경우
(5) 하는 노력과 성과가 정확한 비례가 아닌 경우
(6) 한 번도 해본 적이 없는 경우
(7) 주변에서 해봤는데 별로라는 이야기를 들은 경우
(8) 지금 당장 안 해도 할 수 있고 손해가 없거나 작은 경우

(9) 더 급한 일이 있는 경우

(10) 내가 안 해도 저절로 해결되거나, 누군가가 하는 경우

(11) 지금보다 나중에 하는 게 더 낫거나 특정 타이밍에 하는 게 나은 경우

(12) 내 신체나 정신이 너무 힘들어서 에너지가 없는 경우

(13) 정확한 판단이 되지 않고 감정적으로 그냥 놔버리는 경우

(14) 안 하면 손해가 있지만 그게 어떤 것인지 어느 정도인지 정확히 예측하기 어려운 경우

앞의 원인을 해결방법을 생각해보자. 내가 어떤 것을 하려고 할 때 마음속에 걸리는 것들에 대해서 생각해보자. 대부분 그 과정을 거치지 않고 미루기만 할 뿐, 미뤘을 때 손해를 생각하지 않는다. 그러므로 제대로 된 판단을 하지 못하고 고민하게 된다. 우리가 무언가를 참아야 하는 경우는 크게 두 가지이다.

① 하고 싶은 것을 참아야 하는 것
② 하기 싫지만 이겨내고 해야 하는 것

①은 안 하고 있으면 되는 것이라서 대부분 잘한다. 그러나 ②는 하기 싫은데 이겨내고 도전하기는 어렵다. 하지만 꼭 해야 한다. 세상이 자동화되었지만 도전할 수 있는 인재가 필요하다. 영어공부를 해도 얌전한 듣기, 읽기보다는 활동적인 말하기, 쓰기를 해야 한다. 그리고 공부하는 방법 또한 그렇다.

영어로 된 영화와 미국 드라마보다는 아는 영어만이라도 말하
거나 쓰는 공부를 해야 한다.

그러다 보니 점점 지원자들이 수동적이 되고 능동적이고 주
도적으로 뭔가를 해본 경험도 없고 어려움을 느낀다. 그래서
능동적으로 무언가를 할 때가 되면 귀찮아지고 피하게 되서 결
국 때가 늦어버리는 것이다. 늦었다는 생각이 들기 전에 취업
에 도움이 되는 일을 적극적으로 해야 한다.

이력서, 자소서 작성법

1. 어부는 물고기가 많은 곳에 그물을 던진다

- 뭉치면 죽고 흩어지면 산다

살면서 지금까지의 생존과 적응의 방법이 다수의 사람과 비슷한 의견을 갖는 것이었다면, 자소서를 쓸 때는 절대 그렇게 하지 말아야 한다. 면접도 마찬가지이다. 물론 수많은 지원자 중의 한 명으로 묻히고 싶다면 어떻게 써도 상관없지만, 합격하고 싶은 마음이 있다면 이목을 끄는 자소서를 써야만 선택받을 수 있다.

우리는 그동안 획일화된 환경에서 자랐고, 학교에서도 같은 것을 보고, 듣고, 배워왔다. 또 학교에서는 남들과 같거나 비슷해야만 정상으로 인정받을 수 있다고 생각해왔고 남들과 다르다는 것은 곧 틀린 것이라고 인식이 되어버렸다. 하지만 사회에서는 모두가 같다면 선별할 필요가 없고 의미도 없다.

그러나 같은 환경에서 같은 것을 보고, 듣고, 배웠기 때문에 학생들, 취업준비생들은 모두가 똑같은 스펙을 준비하고 남들이 하는 것을 똑같이 따라 있다. 이렇게 획일화 되어버린 취업준비생들은 비슷한 경쟁자보다 조금이라도 더 스펙을 만들어야만 선택받을 수 있다.

겉으로 보기에는 남들과 스펙 경쟁을 해서 이긴 사람이 뽑히는 것 같이 보이지만 기업의 입장에서는 좀 더 창의적이고 능력있는 인재를 원한다. 같은 조건에서 다른 결과를 낼 수 있는 사람을 원하지만 이러한 창의성을 발휘할 수 있는 인재는 없어지고 남들과 비슷한 모습으로 자신을 만들어가며 안정감을 찾고 있는 사람들이 대부분이다. 기업은 남들과 다른 인재를 합격시킨 후에 남아있는 비슷한 지원자 중에서 좀 더 나은 지원자를 뽑기 시작한다.

우리는 합격하기 위해서 두 가지 중 하나를 선택할 수 있다. 하나는 남들과 다른 창의적인 인재가 되어서 쉽게 취업을 하는 방법, 다른 하나는 치열한 경쟁을 통해서 남들과 비슷하지만 조금 나은 모습이 되어서 취업하는 방법이다.

내가 추천하는 방법은 당연히 남들과 경쟁하지 않고, 비슷해지려고 노력하지 않고 자기만의 특별한 방법으로 취업하는 것이다. 물론 첫 번째 방법도 어려운 부분이 있지만 훨씬 효율적이다. 특히 남들과 경쟁하기를 싫어하거나 남들보다 쉽게 취업하고 싶다면 차별화된 인재, 대체되지 않을 사람이 되어야 한다.

남들이 합격한 자소서를 그대로 복사해서 이름만 바꿨다면 절대 좋은 결과를 기대할 수 없다. 나만의 경험을 쌓고 내가 하고 싶은 취업준비를 하고, 도서관 밖으로 나와 나에 대해서 생각하고 행동할 때 나의 진짜 실력이 생기게 된다.

2. 지원동기는 회사를 계속 다니게 하는 이유

지원동기의 경우는 지원자들이 가장 작성하기 힘들어하는 항목이다. 왜냐하면 실제 지원동기 중에 자소서에 쓸 수 있는 지원동기가 없어서, 대체로 회사의 입장에서 어떤 말이 듣고 그걸 생각하며 작성하기 때문이다. 대표적으로 회사의 칭찬을 하고 회사의 이력을 열거하면서 회사를 치켜 세운다.

취업준비생의 입장에서는 회사의 칭찬을 하면 합격할 확률이 높아진다고 생각하기 때문이다. 내가 회사의 최근 현황에 대해서 관심을 두고 또 좋은 점을 언급함으로써 기업에 대한 자부심을 전달할 수 있다는 생각을 한다.

일부는 맞기도 하지만 기업의 입장은 조금 다르다. 과연 자소서에 쓴 내용이 지원자가 지원하게 된 진짜 동기인지에 대한 의문이 생긴다. 어떤 지원자의 경우에는 지원동기로 기업의 매출이나 2018년 한해의 평가 등을 이야기하며 예전부터 이 회사에 대한 꿈을 키워왔다고 한다.

벌써 앞뒤가 안 맞다. 2018년에 확정된 매출이나 평가가 어떻게 오래전부터 키워왔던 꿈에 영향을 줄 수 있단 말인가? 만약에 2018년에 기업의 상황이 어려웠다면 지원하지 않았을 것인가? 자소서를 작성하기 위해 급하게 검색해서 지원동기를 작성한 티를 내면 안된다. 평가에 도움이 되지 않기 때문이다.

그러면 우리가 생각하는 진짜 지원동기를 작성해보자.
(1) 돈을 많이 주지는 않지만 돈을 벌기 위해서
(2) 내 전공이 이쪽이라서
(3) 집이 이 근처라서
(4) 우연히 모집 공고를 봤는데 자소서 항목이 내가 작성해

둔 것과 같아서

(5) 더 좋은 회사에 가고 싶지만 내가 갈 수 있을 것 같은 곳이 많지 않아서

(6) 아무 데나 가도 상관없지만 이왕이면 친한 친구가 이 회사에 먼저 입사했거나 같이 가기로 한 회사라서

(7) 자주 들어본 회사이거나 유명한 회사여서

(8) 영어 스피킹 성적을 발표한 후에도 직원을 모집하고 있는 회사여서

(9) 가고 싶은 회사에 지원했지만 떨어질 수 있기 때문에 혹시 몰라서

앞 내용은 마음속에는 있지만 차마 쓸 수 없는 이유이다. '돈 벌기 위해서 이 회사에 다니고 싶습니다.'라고 하는 사람은 없을 것이다. 그래도 지원동기는 중요하므로 왜 작성하라고 했을지 생각해보자. 모든 생각과 말과 행동에는 동기가 있기 마련이다.

그리고 그러한 동기에 따라서 마음가짐, 태도, 과정, 결과도 달라진다. 공부하는 목적이 시험 점수라면 시험에 나오는 것 위주로 공부할 것이고, 회사 업무가 목적이라면 회사 업무를 위한 실무 위주의 공부를 할 것이다. 이처럼 목적에 따라 달라지기 때문에 회사에서는 지원자들의 지원동기를 알고 싶은 것이다.

그러나 이러한 지원동기는 이 회사가 얼마나 훌륭한 회사인

지에 대해서 나열을 하라는 뜻이거나 회사를 한껏 띄워서 면접관의 어깨를 으쓱하게 하라는 질문이 아니다.

어떤 자소서를 보면 지원동기 대부분이 뉴스나 회사 홈페이지에 나온 그 회사의 역사나 업적을 길게 나열하면서 마지막에 '이런 최고의 회사에 다니고 싶습니다.'라는 한마디를 추가해놓은 자소서도 본다. 그러나 그것은 최근에 생긴 지원동기이고 모두가 거의 똑같은 지원동기를 작성한다.

내용의 첫부분에 다음 내용처럼 작성하면 무난하다. '저는 어려서부터 A에 능력이 뛰어났고' 또는 '주변에서 B를 하는 것을 많이 접하였습니다.' 자신의 적성과 흥미를 고려해서 이러한 분야를 선택하게 되었다고 적으면 된다. 지원동기를 적을 때는 크게 회사에 대한 지원동기와 부서에 대한 지원동기로 구분할 수 있다.

부서에 대한 지원동기는 '이 업무를 잘할 수 있는 사람인가?'에 대한 판단을 하기 위한 것이고 회사에 대한 지원동기는 '이직을 할 사람인가?'에 대한 판단을 하기 위함이다.

'본인이 직무를 선택한 이유'는 나의 적성, 흥미를 어필하기 위해 그동안 선택해온 전공, 관련 경험 등을 작성해야 하고, '본인의 회사선택 기준은 무엇이며, 당사가 그 기준에 적합한 이유를 서술하시오.'라는 질문은 다른 회사도 있는데 우리 회사에 들어오려는 이유가 무엇인지를 물어보는 것이므로 회사에 대한 이력과 본질과 상황에 초점을 맞춰서 설명해야 한다. 두 개를 따로 구분해서 생각해야 한다.

회사 지원동기에서 가장 중요한 것은 지원자가 이미 그 회사에 지원했다는 것이다. 그 어떤 동기에서든 동기가 생겼으니 시간을 들이고 노력을 해서 지원서를 쓴 것이기 때문이다. 그것만으로도 회사의 입장에서는 그러한 행동을 높이 생각한다.

이럴 때는 내가 면접관이나 경영자라면 '어떤 생각으로 하고 지원한 지원자를 뽑을 것인가?'하고 생각해보자. 회사는 돈을 벌겠다는 동기를 가지고 있는 사람을 좋아한다. 왜냐하면 동기는 많을수록 좋다. 오직 돈뿐이라면 안 되겠지만 회사의 입장에서 대답해보자.

내가 사장인데 정직원을 뽑아야 한다면 어떤 직원을 뽑을 것인가? 어떤 동기를 가지고 있기를 바라는가?

① 돈이 필요해서 돈을 모을 때까지 회사를 계속 다녀야 하는 동기가 있는 지원자
② 부모님께서 물려주신 돈이 많아서 당장 회사에 출근하지 않아도 죽을 때까지 먹고살 수 있는 지원자

둘 중에 누구를 뽑겠는가? ①과 ②가 비슷한 조건에서 내가 사장이라면 ①의 지원자를 뽑겠다. ②가 더 능력이 좋다 하더라도 ①을 채용할 것이다.

아무래도 ①의 지원자가 성실하게 회사에 더 오래 다닐 조건이 되고 지원동기가 확실하게 보인다. 이미 일부 회사에서는 너무 능력이 좋거나 학벌이나 성적이 좋은 지원자는 뽑지 않는

사례도 있다. 그 이유는 좋은 능력으로 다른 더 좋은 곳에 갈 수도 있다고 생각하기 때문이다. 그리고 능력이 뛰어나면 그 능력에 맞는 대가를 원하기 때문이다. 이 경우라면 회사에 대한 지원동기에 해당된다.

그렇다고 해서 지원동기를 사실대로 말하는 것이 안 좋은 영향을 준다는 것은 아니다. 다만 필요 이상으로 자기 능력을 나타내는 지원동기는 오해를 부를 수가 있으므로 주의해야 한다. 그리고 항상 근거가 중요하다. 여기서 돈이라는 것은 나의 능력을 인정받는 것, 대가와 보상이다. 능력껏 노력해서 받는 돈을 안 좋게 생각할 사람은 없다. 돈을 벌기 위해서 지원하였다면 그에 따른 도덕성과 성실함을 같이 어필할 필요가 있다.

(5) 더 좋은 회사에 가고 싶지만 내가 갈 수 있을 것 같은 곳
    이 많지 않아서

대부분 지원자의 경우 더 좋은 회사도 같이 지원을 했을 수도 있고 또는 모두 떨어지고 이곳이 남았을 수도 있고, 더 좋은 기업들은 포기하고 이곳에 지원한 경우도 있을 것이다. 회사의 입장에서 대답해보자. 내가 사장으로 정직원을 뽑아야 한다면 어떤 직원을 뽑을 것인가? 어떤 동기를 가지고 있기를 바라는가?

① 합격한 회사가 없어서 갈 수 있는 회사가 이곳밖에 없는 사람
② 다른 더 좋은 기업도 갈 수 있는, 능력이 뛰어난 인재

앞에서 말했듯이 지원자가 능력이 너무 뛰어나거나 회사에서 원하는 인재상을 초과하여 학벌이나 성적이 좋을 경우에는 회사 차원에서는 오히려 고민이 될 수가 있다. 언제든지 다른 곳에서 취업제의가 들어올 수 있고 충분히 갈 수 있는 능력이 있기 때문에 회사에서 투자하기가 고민된다.

오히려 (5)번 동기도 괜찮다. 그러나 지원자가 능력을 갖추기 전까지만 다닐 것이라는 인상을 받았다면 합격시키지 않을 수 있다. 이곳에서 최선을 다하겠다는 의지를 표현하는 것이 좋다.

한 가지 예를 들어보자.

면접관: 지원동기 말해보세요.
면접자: 저는 마케팅 분야에 관심이 많았고 열심히 배워서 창업하는 것이 꿈입니다.

(2) 내 전공이 이쪽이라서 (3) 집이 이 근처라서

(2)와 (3)도 좋은 지원동기이다. 고등학교 때까지 가고 싶은 길이 없었다면 대학교 전공은 성적에 맞춰서 들어갔거나 부모님이나 지인의 추천으로 정했을 경우가 많고 3번의 거주지는 나의 의지가 크게 반영되지 않은 것이다. 즉 현재 상황에 맞추어 우연히 지원하게 된 경우일 수 있다.

하지만 이러한 지원동기 또한 좋다. 회사에 취직하면 알게 되겠지만 우리가 배운 전공이 회사에서 그대로 쓰이는 부분은 많지 않다. 중요한 건 대학생활과 사회생활이다. 전공에 대한 업무는 기본적인 부분에 도움을 받을 수 있지만 이론과 현실은 정말 다르다. 회사에서 전공을 중요시하는 이유는 대학교를 진학할 때에 자신의 적성을 고려해서 전공을 선택했을 테니, 전공에 대한 거부감이 없을 가능성이 높아서, 다른 전공자보다는 조금이라도 잘 적응할 것이라는 생각때문에 전공자를 좋아하지만 능력에 대한 기대는 크게 없다.

(3)에 해당하는 집이 가까우면 이 회사에 오래 다닐 수 있을 만한 동기가 더 강하다고 생각된다. 회사 근처에 집을 사게 되면 다른 지역으로 가면서 이직하기도 힘들고, 결혼을 하게 되면 한 가정을 책임져야 한다. 일정한 수입이 있어야 하고 자유롭게 나 혼자 의사결정을 하거나 함부로 직장을 그만둘 수가 없게 된다.

그래서 앞에 작성했던 실제 지원동기들이 숨겨야 하거나 거짓말을 해야 하는 동기들이 아니다. 다만 그런 기본적인 것 외에 특별한 지원동기를 원하는 것이다. 내가 꼭 회사에서 무언가를 해보고 싶다거나, 열정이나 의지를 보여주면 더 좋다.

지원한 부서의 업무를 할 때 기쁨을 느낀다든지, 회사와 관련된 특별한 사유나 인턴, 공모전 경험 등 내가 지원하려는 회사가 지원자에게 특별한 회사라면 그것을 강조하면 좋다. 회사와 관련된 경험이나 추억이 있다면 그러한 것을 어필해도 좋다. 그러한 경험과 추억을 통해서 더 친밀하게 느낄 수 있고 비슷한 두 기업에 합격했을 때, 지원자가 다른 회사보다는 우리 회사에 입사할 가능성이 높기 때문이다.

그 부분은 매우 중요하다. 회사에서 필요한 인원은 10명인데 최종 면접까지 해서 10명을 합격시켰더니 2명은 다른 기업에 가고 8명만 입사했다면 그동안 채용을 위해서 들었던 노력, 비용들이 날아가 버린 것이다. 그것보다 더 큰 문제는 일할 2명이 필요한데 충원을 못했다는 것이다. 회사 차원에서는 조금 능력이 부족하더라도 10명을 정상적으로 채용하길 바라지, 능력은 있지만 입사하지 않을 사람을 합격시키려고 하지 않는다. 그것은 회사의 입장에서 너무 큰 손해이다.

지원동기를 작성하기 위해서 너무 많은 시간을 들이지 않았으면 좋겠다. 다만 실제로 내가 지원하는 동기가 무엇인지에 대해서 생각해보는 것은 매우 좋은 것이다.

직장생활을 아직 시작해보지 않았다면 '세상이 정해주는 방향'이 아닌 '내가 살고 싶은 방향'에 대해서 생각해보고 그것을 실천하기 위해서는 어떤 곳에서 내 인생을 펼쳐야 할지를 꼭 생각해봤으면 한다.

3. 나무보다 숲을 먼저 봐라

나무를 보지 말고 숲을 보자. 자소서를 세세하게만 보다보면 큰 흐름을 놓칠 수 있다.

자소서를 쓰면서 숲을 봐야 하는 경우가 2가지 있다.

첫째, 자소서 한 단어에 신경 쓰지 말고 전체의 흐름을 만들어라. 적절한 단어 하나를 선택하느라 전체 문장을 못 만드는 경우가 있다.

둘째, 자소서 질문에 대한 사례를 작성할 때 전체를 고려해서 연결해야 한다.

눈도 예쁘고 코도 예쁘고 입도 예쁘다, 그러나 가장 중요한 건 서로 간의 조합과 배치이다. 눈, 코, 입이 예쁘다고 반드시 예쁜 것은 아니며, 조화가 되어야 진짜 예쁜 것이다. 예전에 TV에서 눈이 예쁜 연예인의 눈, 코가 예쁜 연예인의 코, 입이 예쁜 연예인의 입을 모으면 도대체 얼마나 예쁠까? 하는 실험을 했다. 얼굴형이 예쁜 연예인의 얼굴에 예쁜 눈, 코, 입을 합성해보았는데 전혀 예쁘지가 않았다. 각기 가장 예쁘다고 해서 모아뒀는데 눈, 코, 입 서로가 어울리지 않고 받쳐주지 못해서 전체적인 얼굴의 느낌은 전혀 예뻐 보이지 않다는 결론을 본 적이 있다. 자소서 또한 마찬가지이다. 자소서는 전체가 하나의 글처럼 흘러가고 연결이 되어야 한다. 지금의 내 얼굴에서 눈만 예쁜 눈으로 바꾼다고 전체적인 얼굴이 더 좋아질 것이라고 확신할 수가 없다.

또 좋은 사례를 가지고 자소서를 쓴다고 꼭 좋은 평가를 받는 것도 아니다. 품질부서에 지원하는 사람이 자소서를 쓴다고 생각해보자. 품질부서 인턴과 노트 정리라는 경험이 있다. 이

지원자는 품질부서에 맞게 강점을 꼼꼼함이라고 작성하고 싶다.

- 인턴 경험: 꼼꼼함, 직무 경험 어필

- 메모 습관: 꼼꼼함, 성실함 어필

- 인턴 경험+메모 습관 = 꼼꼼함, 업무 경험, 성실함 세 가지
  를 어필 가능

이제 자소서 질문을 보면서 어떤 사례와 어떤 것을 어필할지 생각해보자.

자소서(샘플1)

저의 강점은 '성실함'입니다. 메모로 익혔습니다. 저의 강점은 '꼼꼼함'입니다. 인턴 경험으로 익혔습니다.

자소서(샘플2)

저의 강점은 '직무 경험'입니다. 인턴을 하면서 익혔습니다. 저의 강점은 '꼼꼼함'입니다. 메모로 익혔습니다.
※ 그러나 '성실함'이 필요하다고 생각하면 직무 경험 대신 성실함을 어필하거나 사례를 바꿔도 좋다.

최대한 간단하게 작성하였다. 여러분이 품질부서 인턴과 수년간의 메모 습관을 갖고 있다면 샘플1과 샘플2 중에 어떤 내용으로 자소서를 작성할 것인가? 샘플1의 경우에는 2개의 강점을 이야기할 수 있고, 샘플2는 1개의 강점과 1개의 직무 관련 경험을 이야기할 수 있다. 물론 어떤 식으로 쓰던지 인사담당

자, 면접관은 분명히 지원자가 품질부서 인턴과 수년간의 메모 습관을 갖고 있다는 것을 자소서를 통해서 알 수 있다. 또는 면접을 통해서 알 수 있다. 그러나 면접까지 가기 위해서, 그리고 면접에서 조금 더 쉽게 풀어나가기 위해서는 샘플2처럼 작성하는 것이 좋다.

우리가 많은 경험을 해서 소재 거리가 정말 넘쳐흐른다면 크게 문제는 없다. 직무에 관련해서 이야기할 수 있는 경험들이 품질부서 인턴 외에도 많다면 다른 내용을 작성해도 상관없다. 그러나 직무 관련 경험이 많지 않다면 직무 관련 경험을 살려야 한다.

자소서 질문에 대한 답변으로 이해를 해보자.

샘플1: 성장과정, 성격의 장단점에 쓸 수 있는 소재가 2개가 된다.

그러나 이미 한번 성장과정이나 성격의 장단점에 언급했기 때문에 다른 질문들에 중복으로 언급하는 것은 비효율적이다.

샘플2: '메모 습관'을 성장과정, 성격의 장단점에 쓰고, '인턴 경험'은 지원동기나 입사 후 포부에 쓸 수 있다.

샘플2로 지원동기를 작성할 때에는 품질부서 인턴을 하면서 재미를 느꼈고 적성을 발견했다고 쓰거나, 입사 후 포부에 품질부서 인턴을 하면서 불편했다고 생각한 것을 통해서 개선점을 말하거나 관련 포부를 이야기할 수 있다.

같은 재료를 가지고 추가 재료와 조리법에 따라서 다양한 요리를 만들 수 있는 것처럼 품질부서 인턴과 수년간의 메모 습관이라는 좋은 재료를 가지고 다양한 자소서를 작성할 수 있다.

앞에서는 2개의 소재로 이야기했지만 소재가 다양해지면 작성할 수 있는 자소서는 아주 다양해진다. 자소서를 작성할 때 전체를 보고 크게 구상하여 맞춰서 써야 한다.

영화를 만들 때도 전체 시간과 전체 분량을 생각해서 만들어야 좋은 영화가 된다. 재미있는 장면만 오랫동안 찍게 되면 영화의 전체적인 스토리가 무너지게 된다. 자소서를 쓸 때는 각각의 질문에 순서대로 생각나는 소재를 사용하기보다는 전체에 적절하게 소재를 배분하는 것이 중요하다. 내가 가진 경험들과 소재를 전부 나열한 후에 배치한 뒤 작성하도록 하자.

다음으로 살펴볼 사항은 이력서에 취미를 작성하는 방법이다. 취미를 쓸 때는 거짓말을 하면 안 되지만 자신이 가진 취미 중에 면접관이 좋게 평가할 수 있는 취미를 작성하면 좋다. 예를 들어서 취미나 특기가 다른 사람들과 어우러질 수 있는 것이면 좋다. 이력서의 다른 내용이 정적이라면 취미까지 정적인 것보다는 적당히 활동적인 취미를 가지면 좋다.

취미를 가지면서 밝고 활동적인 생활을 할 수 있다고 생각하기 때문이다. 그리고 너무 튀는 취미는 작성할 때 자제하도록 하자. 또는 취미가 아니더라도 관심사나 여가생활에도 남들이 편견을 가진 취미나 한 가지에 빠져들 수 있는 취미는 쓰지 않는 편이 좋다. 취미로서 좋은 것과 안 좋은 것을 나눠보자. 일반적인 생각을 기준으로 나누면 된다.

이력서의 취미로 좋은 것

회사에서 주로 만드는 동호회 관련 취미(축구, 족구, 영화감상), 직종과 관련이 있는 취미, 체력을 길러주는 운동, 함께 어우러질 수 있는 활동

이력서의 취미로 안 좋은 것

위험한 활동(레저, 심한 운동), 장기간 해야 하는 활동(해외여행 등), 회사 업무 도중에도 할 수 있는 것(핸드폰 게임, 인터넷 쇼핑 등), 많은 시간을 투자해야 하는 것(악기 밴드 등 - 한 사람의 역할이 없으면 전체가 의미 없어짐), 빠져들면 헤어 나오기 힘든 취미, 업무에 방해가 될 가능성이 있는 모든 취미

회사마다 직종마다 기준은 다양하다. 그러나 취미를 봤을 때 좀 지나치다 싶은 것은 피하는 것이 좋다. 취미를 갖는 것은 회사에서도 좋아하고 스트레스를 푸는 방안이 있다는 것은 정말 긍정적으로 생각하지만 항상 기억해야 할 것은 그러한 취미보다도 업무가 우선이 되어야 한다는 것이다.

취미활동을 하면서 업무에 방해가 되거나, 일과 중에도 계속 생각이 난다든지, 야근과 주말 업무에 차질을 줄 수 있는 취미는 피하는 것이 좋다. 그리고 면접 시에도 취미에 너무 큰 열정을 보이는 것도 위험할 수 있다.

평상시 이미지와 약간 다른 취미를 가져서 다양한 면을 보여

주는 것도 좋게 보일 수 있다. 취미는 좋아서 하는 것이기 때
문에 취미를 통해서 어느 정도 사람의 성격이나 흥미를 예측할
수가 있기 때문이다.

나의
취업준비과정

1. 탈스펙이란?

Spec은 Specification의 줄임말로, 제품 사양의 뜻이라고 보면된다. 한때 취업의 당락을 결정한다고 했던 스펙도 이제는 탈스펙의 흐름을 타고 점점 사라지고 있는 추세이다. 그만큼 지원자들의 개성이 강해지고 기업의 특성도 다양해지면서 획일화된 기준으로는 기업에서 원하는 인재를 정확하게 찾을 수 없기에 자연스러운 흐름이라고 보인다. 그러면 탈스펙은 무엇인가?

> 탈스펙
> 스펙보다 각 직장에서 꼭 필요한 역량을 갖춘 인재를 뽑는 데 주력하는 채용 방식이다.
> 학력, 학점, 어학성적, 수상경력, 자격증, 봉사활동 등 스펙보다 각 직장에서 꼭 필요한 역량을 갖춘 인재를 뽑는 채용 방식을 말한다. 열린 채용이라고도 한다. 스펙 경쟁이 심화됨에 따라 구직자들의 스펙이 상향 평준화되어 변별력이 없어지게 되자, 다양한 경험과 창의성 등 다른 역량을 평가해 직무에 적합한 인재를 선발한다는 취지이다.
> 일부 기업들이 이력서에 스펙 관련 항목을 최소화하고 불필요한 개인 정보를 요구하지 않으면서 탈스펙 채용 방식이 트렌드로 자리 잡고 있다. 공공기관에서는 국가직무능력표준(NCS)을 도입하여 이를 기반으로 한 채용을 확대해 가고 있다. 국가직무능력표준이란 산업 현장에서 직무를 성공적으로 수행하기 위해 요구되는 지식·기술·소양을 국가가 산업 부문별, 수준별로 체계화한 것을 말한다.
> 출처: [네이버 지식백과] 탈스펙(시사상식사전, 박문각)

스펙에만 의존하지 않고 진정한 실력을 갖춘 인재를 뽑기 위한 탈스펙은 이미 많이 진행되고 있다. 이러한 흐름을 알고 따라가는 사람은 취업과 같은 방향으로 가고 있다.

　예전에 TV에서 '기업은 탈스펙을 이야기하는데 왜 학생들은 아직도 스펙 쌓기에만 연연하는가?'에 대해서 학생들과 기업의 입장에서 인터뷰하는 것을 보았다. 그만큼 기업과 취업준비생의 견해 차이가 좁혀지지 않는다.

　'이제는 탈스펙의 시대'라고 말하는데도 계속해서 스펙을 쌓게 된다. 탈스펙시대라는 것을 안 믿어서가 아니라 스펙을 쌓는 것 외에 무엇을 해야 할지 모르기 때문이다. 자소서와 이력서를 쓰다 보면 쓸 말이 없어지고 우리가 학교에서 10년 동안 배웠던 문제를 풀고 답이 맞았는지 틀렸는지를 채점해보는 것처럼 맞춰볼 수 있는 과정이 없기 때문에 답답한 마음이 드는 것도 이해가 된다.

　이론이나 실기를 가르쳐주지 않는데 어디에서 배울 수 있으며, 기출문제집을 샀는데 정답지가 없다면 어떻게 문제를 잘 풀 수 있겠는가? '차라리 정확한 답을 이야기해줄 수 있는 사람이 있었으면 좋겠다'는 생각이 들것이다.

　맞았는지 틀렸는지, 틀렸다면 어디가 틀렸는지를 시원하게 알려준다면 다시 써보거나 틀렸다는 것이라도 알 텐데 그렇지 않고 서류전형의 결과가 나올 때까지 잘 쓴 건지도 알 수 없으니 마냥 고칠 수만은 없다.

합격할 자소서(자소서)를 작성해놓고 나중에 고쳐서 불합격될 수도 있기 때문에 답답할 수밖에 없고 어떻게 쓰는 것이 잘 쓴 것인지도 모르고 면접관이 어떤 것을 원하는지 알 수가 없으니 취업에 막연한 두려움이 생긴다. 그러면서 점점 자소서의 내용보다는 눈에 보이는 자신의 이력서 한 줄을 채우기 위해서 눈을 돌리게 된다. 점수는 높을수록 좋고, 자격증은 많을수록 좋다고 생각되기 때문이다.

자소서는 계속 써 봐도 거기서 거기 같고, 나아지는 모습이 크게 보이지 않는다. 그리고 뭔가 해놓은 것이 있어야 자소서에 내 자랑이라도 할 텐데 해둔 것이 없어서 남들처럼 경험이라고 내세울 것도 없고 4학년이 다되어서야 이력서에 내 경험을 채우기 위해서 갑자기 여러 가지 활동을 하게 된다.

기업에서는 도서관에서 주입식 교육처럼 지식만 머릿속에 넣는 것이 아니고 직접 해보고 느끼고 실수도 해보면서 많이 체험해보기를 원한다. 왜냐하면 사회에 나가서 그런 것들을 계속해야 하고 그렇게 쌓인 경험들이 나에게 힘을 주고 지혜가 되기 때문이다. 대학생 때 한 번이라도 해본 사람이 그렇지 않은 지원자보다 사회에 나가서 잘할 수 있다고 판단하기 때문이다.

(1) 학벌을 보는 기업이 줄어드는 이유

취업 방향을 먼저 정해야 한다. 학생들이 '합격을 위해서 가장 중요한 요소'로 생각하는 것들은 학벌, 성적, 영어성적, 자격증이다. 물론 이것은 이 글을 쓰는 당시 취업준비생들의 생각이다.

앞으로 그러한 추세는 점점 변할 것이다. 특히 학벌에 대해서 생각해보자. 학벌을 중요시하던 때도 있었다. 1990년대까지도 학벌이 중요했다. 그러나 요즘에는 학벌의 중요성이 다른 것에 비해서 떨어진다. 점점 그렇게 될 것이다. 그 이유는 '인터넷'과 '교통'의 발달로 인해서 정보의 격차가 서울이나 지방이 그렇게 크지 않기 때문이다. 또 인터넷을 통해서 강의를 들을 수 있고 취업준비를 할 수 있고 취업에 대한 정보도 알아볼 수 있게 되었다.

기업의 활발한 홍보로 취업에 대한 정보가 다양해져서 누구나 대학교나 사는 지역에 상관없이 인터넷에서 기업을 지원할 수 있게 되었다. 예전처럼 이력서를 수기로 써서 방문접수나 우편접수를 하는 것도 아니며 정확한 정보와 자격조건이 없어서 정보 부족으로 취업을 못 하는 사례가 줄어들면서 학벌이 취업에 미치는 영향이 적어진 것이다. 또 지방 대학교들의 수준이 높아졌고 교육의 기회가 비교적 동등하게 주어지고 있다.

그래서 기업에서 채용을 해보면 크게 차이를 느끼지 않고 학벌 상관없이 잘하는 인재를 채용하기 위해서 학벌의 중요도를 의도적으로 줄였다. 또 국가 차원에서도 블라인드 채용을 하고 있어서 예전의 학벌을 보고 평가하던 때와는 많이 변했다. 또 국가의 균형 있는 발전을 위해서 농어촌전형, 지역인재 채용 등의 가점을 주기도 한다.

'인터넷'의 발달, '교통'의 발달은 기업이나 인재의 입장에서 좋은 결과이다. 여전히 학벌을 보는 일부 기업도 있지만 영향력이 크지 않으니 학벌 때문에 취업을 어려워하지 말자.

(2) 성적을 보는 기업이 줄어드는 이유

요즘의 추세는 성적 또한 평가에 크게 반영하지 않고 채용공고를 할 때 지원조건에서도 사라지고 있다.

취업에서 절대적일 것 같았던 학교성적이 지원조건에서 사라지는 이유는 무엇일까? 기업에서 채용하면서 느낀 결론은 성적이 회사생활을 보장해주지 못한다. 학교별로, 전공별로, 수강과목별로, 교수님마다 기준이 다르고 성적은 상대적이기 때문에 성적만 보고 지원자의 실력을 가늠할 수 없다. 재이수 여부, 교환학생 여부 등을 고려하지 않은 것이며 대외활동을 많이 하여 출석을 못한 학생은 그렇지 못한 학생들보다 낮은 출석점수를 받기도 했다.

기업에서는 그러한 내용을 전부 알아볼 수도 없었고 대기업 공채의 경우는 성적을 대신할 수 있는 '인적성검사'를 실시하여 개인을 평가하고 있다. '인적성검사'를 보면 다양한 과목을 평가하는데, 이러한 것들은 자신의 전공과는 관련이 적다. 대신 기본지식과 얼마만큼 두뇌 회전이 빠른지, 얼마나 유형에 대한 분석이 되었는지를 판단할 수 있다. 모든 전공에 공통으로 적용하기에 최선의 평가방법으로 적용된 것이다.

대기업에서는 인적성검사가 도입된 이후로 각각의 학교에서 받아온 성적의 중요도가 크게 줄어들게 되었다. 성적이 좋지 않은 준비생들에게는 정말 좋은 소식이다. 그리고 학생들에게는 단순히 성적을 맞추려고 노력할 것이 아니고 진정한 실력을 쌓는 것이 좋다는 조언을 해주고 싶다. 또 성적이 낮더라도 인적성검사를 준비해서 취업에서 역전해보자.

(3) 영어 듣기/읽기 시험의 중요성이 줄어드는 이유

탈스펙의 원리와 비슷하다. 모두가 토익을 공부하고 점점 평균성적이 높아진다. 그러면서 변별력을 잃고 있고 다문화, 세계화 사회에서 영어 말하기 실력이 중요해졌기 때문이다. 그리고 영어를 잘해야 하는 전공이나 기업 및 부서가 아니라면 어느 정도의 영어 실력만 된다면 취업을 하거나 회사생활을 하는데 큰 문제가 없다.

그리고 듣기/읽기만 하는 것보다 말하기도 같이 공부를 해야 한다. 취업준비생 중에는 토익점수만 계속해서 높이려고 하는 경우가 있다. 그런데 700점대일 때는 800점이 넘고 싶고, 800점이 되면 850점이 넘고 싶고 850점이 나오면 900점이 넘고 싶어진다. 지원 자격이나 필요로 공부하기보다는 다른 것을 준비하기 싫거나 부담스러워서 토익만 하는 경우를 종종 본다.

기준 토익점수는 600점으로 훨씬 전에 넘었는데 습관처럼 토익만 하고 있다. 영어 말하기가 준비되지 않았다면 영어말하기를 먼저 준비해야 한다.

2. 내가 걸어온 길

(1) 1학년 입학

전북대학교 기계공학과 08학번 입학(정시)

기숙사 생활

영어동아리 EUREKA 가입(기계공학부 학술동아리)

세계태권도 문화엑스포 (영어통역) 가이드(8박 9일간)

진로캠프(1박 2일) 참여

전과목 과외(중학생 2명) 1년간

세계문화박람회(in 서울랜드) - 퍼레이드 및 전시

각종 취업설명회 및 취업상담회 참여

방학 때 아르바이트(인력소개소 등)

(2) 2학년

자취

스터디 그룹 장(영어)

큰사람 포인트 장학금 수여

농촌봉사활동(6일간) 진안

진로캠프 2회 참여(1박 2일 2회)

월드캠프(대덕) 자원봉사(5박 6일간)

전라북도에서 운영하는 기숙사 입사(장학숙)

필리핀 교환학생과 IFP프로그램(한국어, 한국문화 교육과 한국 적응)

용접학원 등록하여 가스, 전기, 텅스텐 용접 배움(기능사 필기 합격, 실기 불합격)

2009 전주 세계 소리축제 행사장 정리 및 안내(32시간)

고등학생 과외(단기간)

(3) 1년 휴학

2학년 종강 후 미국으로 1년 해외봉사활동(뉴욕, 뉴올리언스, 보스턴, 애틀랜타, LA, 뉴저지, 잭슨빌, 디트로이트 / 그랜드 캐니언, 맨해튼, 할리우드 거리, 유니버설 스튜디오, 하버드, MIT, 버클리 음대, 보스턴대, 할렘, 8마일, 타임스퀘어 가든 등)
일본 무전여행(3주간) - 미국 다녀와서 방학 때(교토, 도쿄, 오사카)

(4) 3학년

학군단 합격(장교 과정) 1년 차(ROTC)
스터디 그룹 장(영어)
필리핀 교환학생과 International Friendship Program(한국어, 한국문화 교육과 한국 적응)
운전면허 1종 취득
영어토론 및 영어토론대회 참가(6개월간)
대학교 홍보대사 도전 후 실패
학군단 체력검정 오래 달리기에서 3, 4학년 전체 1위
인천 세계도시축전 통역봉사(일본어)
큰사람 포인트 장학금 수여
중국 여행(3주간)
성공하는 사람들의 7가지 성공습관 수료
한문 자격증 3급 취득
카티아(CATIA) 교육 수료(5일간-1학점)
전국 모의 인적성검사에서 3위/537명 = 상위 0.56%
취업캠프 참여(1박 2일간)
오픽 IM2 획득
세계 발효식품엑스포 10.20~24(40시간)(중국어 통역)
중국인 교환학생과 IFP프로그램(한국어, 한국문화 교육과 한국 적응)
JPT(일본어 시험) 490점 취득

(5) 4학년

대학교 글로벌 신문에 영어 칼럼 게재

학과 부대표

종합설계(장려상)

필리핀 교환학생과 International Friendship Program(한국어, 한국문화 교육과 한국 적응)

영어 토론대회 참가(6개월간)

창업경진대회 2위(프레젠테이션 부분 1위) - 상금 440만 원

창업지도사 2급 취득

특허 2건 출원

영어동아리 EUREKA 부회장

대학교 홍보대사 재도전 후 재실패

영어학원 강사

정육점 아르바이트(6개월)

한문 자격증 2급 취득

태권도 1단 취득

유럽여행(스페인, 이탈리아 - 1주일)

큰사람 또래상담자 양성과정 수료 및 또래상담자 1기(11주)

취업캠프 참여

새싹 지도 과외

아시아태평양무형문화유산축제 자원봉사 (중국어 통역)

일본어 말하기 대회 참가(6명의 일어일문학과 교수님이 평가)

학군단 2년 차(육군 장교 병기병과로 임관)

공학인증 수료

전북대학교 졸업

※ 앞의 내용은 누락이 있거나 정확하지 않은 내용도 있을 수 있음

내가 걸어온 길을 보면 다른 대학생들과 조금 다른 면을 볼 수 있다. 남들이 모두 준비하는 것 중에 안 했던 것도 있고, 남들은 하지 않았던 것을 미리 준비한 것도 있다. 이 외에도 나의 실력을 키우는 데 도움이 된다고 생각한 일들은 최우선으로 경험하고 실력을 쌓으려고 노력했었다. 4학년 때가 아닌 1학년 때부터 무엇이 중요한지에 대해서 잘 알았고, 꾸준히 취업상담회와 취업설명회, 강연들을 찾아다니며 인사담당자, 실무자들의 조언을 들으며 내가 하는 활동들의 방향을 잡고 취업을 준비해왔었다.

즉, 실전에 필요한 것들 위주로 준비했었다. 취업에도 도움이 되고, 사회생활에서 꾸준히 도움이 될 수 있는 것들 위주로 준비했었다.

3. 내가 중요시했던 활동 8가지에 대한 장단점과 특징

자원봉사활동, 아르바이트, 여행, 외국어 공부, 취업상담회/설명회, 체력단련, 말하기 스킬, 인맥

(1) 자원봉사활동

① 장점: 단기간에 다양한 역할을 해볼 수 있다. 돈을 받고 하는 일이 아니고 자원봉사로 하는 것이므로 자발적인 인

재로 보일 수 있다. 면접 후에 결정되므로 면접 실력을 기를 수 있다. 자신이 희망하는 역할에 지원할 수 있다(통역, 의전, 수송 등).

② 특징: 인터넷에 '자원봉사센터' 또는 '축제자원봉사'를 검색하면 구하기 쉽다. 미래를 준비하고 적극적인 사람들이 많이 참석한다. 보통 5일간 열리는 축제, 행사 등에서 많이 하며, 면접과 교육이 있다. 회차를 거듭하여 매년 진행되므로 한번 참여하면 다음에도 쉽게 참여할 수 있다. 자원봉사자들이 스스로 행사를 만들어갈 수 있다. 행사에 참여하면서 동시에 자원봉사도 할 수 있다. 짧은 기간 동안 다양한 업무를 접해볼 수 있다.

(2) 아르바이트

① 장점: 사회성, 경제관념을 기를 수 있다. 조직에 대해 이해를 하고 취업 전에 자신의 성향을 알 수 있다(흥미와 적성 등). 경험을 통해서 직장을 선택할 때에 고려해야 할 요소들, 내가 중요하게 생각하는 요소들을 알 수 있다. 크지는 않지만 돈을 벌 수 있다. 경제적인 독립을 할 수 있다. 아르바이트를 지원하면서 취업을 미리 준비해볼 수 있다.

② 특징: 인터넷에 '아르바이트'를 검색하면 쉽게 구할 수 있다. 아르바이트 구하기도 쉽지만은 않다. 자격조건과 담

당 업무를 잘 확인하자. 나이가 어리면 아르바이트에 제한이 있다. 단기간으로는 힘들다. 꾸준히 해야 하므로 시간 계획을 잘 세워야 한다. 돈만을 위해서 아르바이트를 하면 안 된다.

(3) 여행

① 장점: 한국에서 느껴볼 수 없던, 생각할 수 없던 것들을 경험할 수 있다.

② 특징: 혼자 생각하는 시간을 갖거나 외국인과 대화할 수 있는 시간을 꼭 가져보자. 해외여행의 경우 현지어를 어느 정도 알아서 가는 것이 좋다. 경비가 많이 들기 때문에 단기간에 많은 경험을 해야 한다. 사람에 따라서 느끼는 것에 차이가 있다. 처음 가는 해외여행이라면 가까운 곳으로 짧게 여행하는 것을 추천한다.

(4) 외국어 공부

① 장점: 어디서나 필요로 하고, 영어를 쓰는 업무이든 아니든 인정받을 수 있다. 비교적 누구에게나 객관적으로 평가할 수 있어서 평가 기준으로 쓰인다. 외국어 회화를 잘하면 해외여행이나 외국인과 대화를 할 때 더 재미있고 유리하다. 다른 능력들과 달리 바로 보여줄 수 있다는 것이 특징이다. 영어통역 자원봉사를 할 수 있다.

② 특징: 영어를 잘한다는 것 자체만으로도 자신감이 많이 상승한다. 영어 능력보다 성적표를 요구하는 곳이 많다. 실력뿐 아니라 증명할 수 있도록 준비해두자. 따라서 외국어 회화는 성적뿐만 아니라 능력도 꾸준히 갖춰야 한다. 학교에서 장학금, 졸업이나 회사에서 채용, 진급할 때에도 사용된다. 영어 외에도 중국어를 원하는 회사도 많이 생기고 있다.

(5) 취업상담회/취업설명회

① 장점: 취업에 대해서 정확히 알고 취업준비를 할 때 효율적으로 할 수 있다. 실제 현업에서 근무하고 있는 선배들을 만날 수 있어서 동기부여가 되고 비공식적인 이야기도 많이 들을 수 있다. 나의 상태에 대해서 피드백을 받을 수 있다.

② 특징: 취업설명회/상담회는 대학교 온/오프라인 게시판에 붙어있거나 학교 내 취업센터에 물어보면 일정을 미리 알 수 있다. 취업설명회를 가기 전에 기업과 직무에 대해 어느 정도 기본지식을 알고 가는 것이 좋다. 특히 취업상담회의 경우에는 가기 전에 기업에서 하는 일은 무엇이고 어떤 회사인지 정도는 알고 가자. 단, 너무 어려워할 필요는 없다. 모든 것이 준비된 상태로, 해당 기업에만 지원하겠다고 생각해서 상담하는 사람은 거의 없어서 괜찮

다. 그래도 가서 질문하거나 나의 진로에 대해서 상담을 받을 수 있는데 나의 희망 직무가 구체적으로 정해져 있지 않거나 방향에 대한 준비가 되어있지 않으면 가서 일반적인 내용만 이야기하여 많은 것을 얻기 힘들고 나와 관련 없는 내용에 대해서 이야기할 수도 있다.

(6) 체력단련

① 장점: 체력은 정신적인 부분에도 영향을 주어서 집중력, 지구력, 의지를 강하게 만들고 새로운 활력을 만들어준다. 체력이 아주 강하다고 좋은 평가를 받는 것은 아니지만 취업 프로세스에 신체검사도 있듯이 신체는 건강해야 하며 일을 문제없이 하려면 체력도 좋아야 한다. 운동하면서 생긴 경험이나 사례들은 취미나 자소서에 작성할 수 있다.

② 특징: 꾸준히 하지 않거나, 하다가 중단하면 다시 약해지고 취업을 할 때까지 유지되기 힘들다. 위험한 운동은 다칠 수가 있으니 조심하면서 운동을 하자.

(7) 말하기 스킬

① 장점: 나의 의견이나 표현하고자 하는 것을 정확하게 말할 수 있으면 주변으로부터 크게 인정을 받는다. 회사생활을 하면서 꼭 필요한 중요한 스킬이다. 면접 준비도 같

이할 수 있으니 지금부터 준비해보자.

② 특징: 나에게 주어진 말할 수 있는 시간은 많지 않기 때문에 정확하고 간결하게 주제를 전달할 수 있어야 한다. 일반적인 말하기 스킬과 회사에서 필요한 말하기 스킬은 조금 다르다.

(8) 인맥

① 장점: 다양한 사람을 만나면서 사람을 대하는 방법을 알고 사회성을 익힐 수 있다. 앞으로의 조직생활을 하는데 필수적인 요소이다.

② 특징: 인맥이라는 것은 내가 노력해서 얻은 인맥, 사회성, 인간관계, 개인적인 친분을 말한다. 학연, 지연, 혈연처럼 소속감에 의존한 인맥을 말하는 것이 아니다. 사람들과 만나서 연결된 인맥이라면 좋지만 훌륭한 사람을 가족으로 뒀다는 것만으로 능력이 인정되는 것은 아니다.

4. 대학생 때 하면 좋은 활동

나도 남들처럼 대학교 4년 다녔고, 비슷한 시간 동안 생활했지만 나름 다양한 경험을 많이 해보았다. 그중 취업에 도움이 되거나 경험이 되고 생각을 키울 수 있는 도전이나 활동들이 뭐가 있을까? 내가 했던 경험들과 각각의 장점들, 취업할 때나 사회생활을 할 때 어떻게 도움이 되는지 살펴보자.

여기서 추천하는 것들은 나를 기준으로 가장 도움이 되고 필요하고 내가 좋아하는 것 위주로 한 것이며, 추가로 필요하거나 좋아하는 것이 있다면 꼭 이 의견만을 따를 필요는 없다. 개인에게 맞는 것을 찾는 것이 중요하다.

(1) 아르바이트

내가 10살 때부터 시작했던 것은 아르바이트였다. 지금으로부터 거의 20년 전인데 그때에는 아르바이트라는 말도 흔하지 않았다. 그리고 어린 나이에 일한다는 것은 힘든 시기였다.

물론 돈을 많이 벌지는 않았지만 일자리를 구하는 과정에서 많은 거절을 당했고, 일자리를 구하기 힘들다는 것을 배웠고 내가 그만큼 능력을 갖추고 믿음을 주어야 사장님들이 나를 써준다는 생각을 그때부터 하게 되었다. 그래서 나는 좀 더 전문적으로 보이기 위해서 많은 노력을 했다. 그 후에도 계속해서 아르바이트를 했고 대학교 때까지도 다양한 아르바이트를 했다. 일용직, 정육점, 하수도 청소, 도로 교통안내, 과외, 영어학원 외에도 다양한 일을 해보았다.

이런 일을 하면서 많은 생각을 하게 되었다. 취업에 대한 중요성을 깊이 깨달을 수 있었고 그렇기 때문에 공부나 내가 하고 싶은 것, 취업에 필요한 것에 최선을 다해서 할 수 있었다. 내가 게을러지거나 의지가 약해질 때마다 힘든 일을 찾아서 하곤 했다. 힘든 일을 하고 나면 의지가 불타오르고 특히 일을 하면서 많은 생각이 든다. 앞으로 어떻게 살아야겠다거나 그동안 내가 시간이나 돈을 함부로 사용했던 것을 반성하게 되고 정신을 차릴 수 있게 된다.

물론 공부도 좋지만 힘는 경험을 하면서 그런 생각을 어렸을 때부터 하게 되면 나중에 취업하려고 준비하면서 발등에 불이 떨어지는 일 당하지 않고 일찍 준비할 수 있다.

어렸을 때부터 했던 아르바이트는 나에게 정말 큰 힘이 되었다. 여러분들께도 추천한다. 다만 아르바이트는 돈을 목적으로 하지 말고 경험이나 의지를 다지는 목적으로 하고, 너무 많은 시간 동안 하지 않도록 주의하자. 최종적인 나의 목적을 생각하면서 해야 한다.

(2) 해외경험

해외경험에는 몇 개의 경로가 있는데 단기 해외여행, 워킹홀리데이, 대학교 해외인턴, 어학연수, 해외 봉사활동 등이 있다.

① 단기 해외여행은 방학이나 휴가 때 여행과 관광을 목적으로 다녀오는 것이다.
 • 장점: 경제적인 부담은 없고 알차게 보낼 수 있다.

· 단점: 문화를 접하고 느끼기에는 시간이 너무 짧고 여유가 없다.

② 워킹홀리데이는 자격조건이 만 30세 미만(알아보기)이고 워킹비자를 얻어서 해외에서 일을 하면서 돈을 버는 것이다.

· 장점: 해외에서 장기간 체류하며 돈을 벌 수 있다. 크게 어필할 수 있다.

· 단점: 농장, 목장 등에서 일을 하여 영어를 쓸 일이 많지 않은 일도 있으며, 일을 정해진 시간만큼 해야 하므로 문화생활이나 영어공부에 직접적인 시간을 쓰지 못할 수 있다. 그래서 초반에 일을 끝내고 돈을 벌어서 여행하는 것이 대부분이다.

③ 대학교 해외인턴은 대학교 3, 4학년 때부터 할 수 있으며 해외기업에서 1학기 또는 2학기를 전공 관련 업무를 하는 것이다.

· 장점: 휴학이 아닌 학점이수를 하면서 해외경험도 쌓을 수 있고, 성적을 잘 받을 좋은 기회이다. 전공 관련 업무를 하게 되면 해외업무 경험으로도 인정을 받을 수 있다.

· 단점: 선발 인원이 매우 적고 일부 국가는 자격조건이 까다로운 경우도 있음. 전공학점보다는 교양학점을 많이 주어서 본인의 학점 이수 상태를 확인해야 한다.

④ 어학연수는 현지의 학원이나 학교를 등록하여 언어 수업을 받는 것으로 주목적이 언어 공부에 맞춰있다.

· 장점: 언어를 집중적이고 체계적으로 배울 수 있다.

· 단점: 값이 비싸고 대부분 한국에서 알아보고 가기 때문에 정확한 정보를 얻기가 쉽지 않다.

⑤ 해외봉사활동은 보통 개발도상국으로 봉사를 가며 재능 기부를 하거나(교육) 노동을 제공하는 봉사를 주로 한다.

· 장점: 다양한 경험을 할 수 있고 참된 보람을 느낄 수 있다. 단체를 통해서 가게 될 경우에 비용이 비싸지 않다.

· 단점: 한국인과 함께 생활하게 되거나 비영어권으로 갈 경우에는 영어 실력이 많이 늘지 않는다는 점이 있다.

이처럼 각각의 장단점이 있고 가격도 다르고 하는 일도 다르기 때문에 어떤 경로가 더 좋고 효과가 있다고 말하기는 힘들지만, 한 가지 확실한 것은 내가 해외에 가기 위해서 어떤 노력을 했는지, 가서 어떤 경험을 했는지가 중요하다.

단순히 해외에 있었다는 것이 능력으로 인정되기보다는 부모님이나 주변의 경제적인 도움으로 편하게 가지 않고 내가 노력해서 얻었고, 가서도 정말 노력하면서 힘들게 생활한 경험이 더 값진 것이다.

(3) 간부, 관리자 역할(과대표, 동아리 회장/부회장, 모임 팀장 등)

대학교 생활을 하면서 한 번쯤은 해봤을 경험이다. 크게는 학생회장, 과대표, 동아리 회장/부회장이나 작게는 스터디그룹,

친목 모임, 수업시간 조장, 프로젝트팀장 등의 경험이 있을 것이다. 때에 따라서 권한이 큰 경우도 있고 권한이 거의 없고 역할만 있는 경우도 있다. 그러나 권한을 떠나서 역할은 비슷하다. 관리하고 조직이 잘 돌아갈 수 있게 앞장서서 노력하는 일이다.

이러한 일을 해본 사람은 하지 않았던 사람들보다 많은 것을 느끼고 어려운 시간을 겪었을 것이다. 단순히 학과점수나 권한보다 더 큰 장점은 경험이고 경험 속에서 느낀 점이다. 그리고 평탄한 조직운영뿐만 아니라 조직원 간의 마찰을 파악하고 그것을 극복하면서 많은 것을 배울 수 있다. 조직원일 때와는 다르게 관리자, 간부가 되면 생각도 달라지고 나중에 회사에 취직하여 조직원이 되었을 때도 관리자, 간부의 마음과 입장을 쉽게 이해할 수 있게 된다.

회사에서는 그것을 굉장히 높게 평가한다. 자의든 타의든 리더의 역할을 해봤다면 알겠지만 굉장히 외롭고 많은 책임과 부담을 갖게 된다. 그때 조직원이 내 뜻대로 안 따라주고 각자의 주장만을 한다면 내가 권한이 있더라도 힘들기도 하다. 조직원과의 관계도 유지하면서 내가 맡은 업무를 해야 한다는 것은 조직원의 협조가 없이는 어렵다. 그래서 그러한 생활을 해본 지원자가 조직원 생활을 하더라도 관리자의 입장을 조금이라도 더 이해해줄 것이라고 기대하기 때문에 그러한 경험이 많은 사람, 입장을 이해하고 관리자의 마인드를 가진 인재를 회사에서는 선호한다.

단순히 이것도 이력서 한 줄이 중요한 것이 아니고 성공적으로 프로젝트를 끝냈는지, 업무 능력이 좋은지를 보는 것도 아니고 정말 중요한 것은 서로의 입장과 마음을 이해하고 협조하는 것이다.

(4) 업무 관련 경험

회사에서는 업무 경험, 경력, 전공을 굉장히 중요시한다. 평소에 교수님이나 어른들이 말씀하셨던 것을 생각해보자.

나는 교수님들께 이런 이야기를 들어보았다. "어차피 회사 가면 처음부터 다시 배워야 한다." "고등학교 때 배웠던 수학은 사회에 나가서 쓸 일이 많이 없다."

이런 말을 들어보았다면 쉽게 공감할 수 있을 텐데 우리보다 인생을 빨리 사셨던 분들께서도 직접 살아보니 전문직을 제외하고는 고등학교 때 대학교 때 배웠던 것들이 직접 회사 업무에 사용되는 것은 극히 드물다고 한다. 그리고 교육받은 내용을 써먹는다고 해도 이론과 실상은 매우 다르다. 그래서 전공이나 지식도 중요하지만 실제로 업무와 시행착오를 해보았는지도 중요한 요소로 본다.

많은 대학생이 이렇게 생각한다. "1년 휴학해서 취업준비하고 지금 갈 수 있는 곳보다 더 좋은 곳으로 가야겠다." 그러나 이러한 생각은 위험할 수 있다. 구직자의 입장에서는 휴학하든 졸업을 유예하든 1년을 더 준비해서 더 나은 모습으로 취업하고 싶은 생각이 있을 것이다.

그러나 기업의 처지에서 생각해보면 다른 결론이 나올 수 있다. 대학교 4년 동안 또는 그 이상의 시간을 들여서 준비할 시간이 있었는데 그동안 기업에서 원하는 정도의 준비를 하지 못했다고 가정해보자. 준비가 안 되었기 때문에 회사에서 채용하지 않았는데 같은 방법으로 공부나 경험을 하여 1년을 더 준비한다고 크게 달라진다고 생각하지 않을 것이다. 지금의 방법으로 4년을 준비했는데도 완성되지 않았다면 회사가 원하는 방법으로 준비해보자.

현재의 실력으로 갈 수 있는 회사에 들어가서 일을 해보는 것은 어떤가? 혹시 나 같은 인재가 다니기에는 회사의 수준이 너무 낮다고 생각이 되는가.

'첫 단추를 잘 끼워야 한다.'는 말이 있다. 그러나 첫 직장을 잘 잡아야만 다음 직장을 잘 잡을 수 있는 것은 아니다. 현실은 단추처럼 꼭 그렇게만 되지는 않는다. 당연히 첫 단추를 잘 끼우려는 노력은 해야 한다. 그러나 그것은 대학교 4년이면 충분하다.

그러면 1년을 졸업을 유예하고 취업을 준비하는 경우에 대해서 생각해보자. 우리가 1년 동안 할 수 있는 것이 무엇이 있을까? 1년 동안 취업을 미루는 것의 장단점이 있을 것이고 그것을 종합해서 결정해야 한다.

① 장점: 1년을 더 준비할 수 있다. 내가 부족했던(기준 미달) 또는 없던 영어 성적을 높일 수 있고 인적성검사, 면

접 준비를 할 수 있다. 취업 전에 휴식의 시간을 가질 수 있다.

② 단점: 나이가 1살 더 많아진다. 1년이라는 시간을 소비하게 된다. 대학교 4년 동안 준비를 하지 못한 사람으로 보이게 된다. 1년 동안 생활비는 쓰지만 직장에서 주는 월급을 받지 못해서 경제적으로 어려워지고 마인드가 더 움츠러든다. 경력 1년을 쌓지 못하게 된다. 공백기가 1년 길어진다.

크게 장단점은 이 정도가 있다.

물론 이것은 대학교에 다니지 않고 그 시간 동안 취업준비를 할 수 있기 때문에 대학교를 다니면서 준비했던 것보다는 많은 준비를 할 수 있긴 하다. 그러나 올바른 비교 대상은 취업해서 1년 동안 일을 하는 사람이다.

나의 상황을 객관적으로 분석해보고 정말 휴학이나 졸업유예가 필요한지에 대해서 생각해보자. 내가 현재 성적이 3.0이 되지 않아서 지원조건이 부족하거나 영어회화 성적이 전혀 없어서 자격조건에 미달되었다면 휴학이나 졸업유예를 생각해볼 수도 있다. 또는 학교에 다니면서는 할 수 없는 특별한 경험이 직장생활을 1년 했을 때보다 더 큰 효과를 얻을 수 있다면 그렇게 해도 좋다. 그러나 단순히 '1년을 더하면 지금보다는 더 나아지겠지.'라고 생각한다면 휴학이나 졸업 유예하는 것은 바람직하지 않다.

물론 1년을 더 하면 당연히 스펙은 나아지지만 절대적인 성장 뒤에는 상대적인 뒤처짐이 있을 수 있다. 취업은 상대적인 경쟁이다. 내가 1년 동안 성장하는 만큼 경쟁자들도 1년 동안 더 성장한다. 오히려 지금보다 더 불리해지거나 지금은 입사할 수 있는 회사를 그때는 못 들어가게 될 수도 있다.

누군가가 "졸업을 유예하면 대학생이지만 졸업하면 백수이다."라고 했던 것이 기억난다. 많이들 그렇게 생각하겠지만 그것은 남들이 봤을 때 그렇게 중요한 것이 아니다. 스스로 생각했을 때 졸업유예 상태이면 괜찮다고 느낄 수 있지만 졸업이 늦어진 데는 분명한 사유가 있을 거라고 생각이 되고 좋은 쪽보다는 안 좋은 쪽으로 생각이 된다. 오히려 시간이 지나고 나서는 제때에 졸업하는 것이 더 좋아 보일 수 있다.

그리고 유예하지 않고 취업을 해서 일하는 것이 나은 이유가 하나 더 있다. 앞에 3번에서 입장과 마음을 이해하는 것이 중요하다고 말했듯이 취업해서 일해보는 것도 마찬가지로 중요하다. 회사생활을 해본 사람은 회사에서 무엇을 원하는지 어떤 입장인지를 잘 알고 있다. 그렇기 때문에 어떤 사람을 필요로 하는지 알고 무엇을 준비해야 할지도 알게 된다. 그것은 회사생활을 잠깐만 해도 금방 알 수 있다.

그러나 아무리 학교생활을 오래 해도 직접 겪어보지 않으면 이해할 수 없는 게 회사생활이다. 그러니 자신의 능력을 키우겠다고 1년 휴학하거나 졸업 유예하지 말고 실전 경험을 해보

아라. 단순히 전공지식이 아닌 회사라는 조직에 대한 이해가
더 중요하다.

5. 나의 취업 후기

취업 관련 강의에서 인사담당자들이 쉽고 빠르게 취업하는
방법들을 가르쳐 주셨고 그 방법을 믿고 따랐다. 대학교 성적
이 좋지 않았지만 1학년 때부터 내가 갈 수 있는 취업 관련 강
의, 대외활동은 전부 다니면서 사회와 취업에 대해서 알게 되
었다. 그리고 쉽게 취업준비를 할 수 있었다.

그래서 미국에서 지냈던 1년을 포함하여 대학교 5년 동안
그리고 졸업을 하면서도 취업에 대한 걱정을 많이 하지 않았
다. 어느 기업에 가야 좋을지에 대해서 고민은 했지만 취업을
하지 못할까 걱정되지는 않았다.

강의나 사석에서 면접관들의 이야기를 많이 들을 수 있었고
그 내용을 믿고 준비했기 때문에 실력에 대한 자신감이 있었
다. 내가 취업의 핵심 요소라고 확신했던 것은 다양한 경험, 영
어회화, 자소서, 인적성검사, 면접이었다. 이러한 요소들을 준
비해왔기 때문에 기업에서 나 같은 인재를 꼭 필요로 할 것이
라고 확신했다.

그러한 요소에 대해서 알고 확신하게 된 이유는 대학교 1학
년 때부터 취업에 관련된 1박 2일 캠프, 취업상담회, 취업설명

회를 끊임없이 찾아다녔고 직접 인사담당자, 채용담당자, 면접관들과 만나왔고 어느 기업이든지 가리지 않고 해당 기업에 취업하는 방법과 전체적인 흐름을 알고 있었기 때문이다.

나는 취업을 한다면 꼭 삼성에 들어가고 싶었다. 대학교 1학년 때부터 많은 봉사활동, 아르바이트, 팀 활동, 동아리 활동을 하고 지금까지 10개국을 여행하며 해외경험을 쌓아왔다. 또 대학교 3학년 때 학교에서 인적성검사 모의고사를 봤다. 서울의 최상위권, 상위권 대학교들과 몇 개의 지방 국립대를 포함한 20여 개 대학교와 같이 진행된 인적성검사 모의고사에서 3등/537명이라는 상위 0.56%의 성적을 받게 되었다. 계산해보니 179 : 1의 경쟁률도 뚫을 수 있는 엄청난 등수였다.

그때 당시에는 대학교 3학년이었고 취업은 4년 후의 일이었기에 인적성검사에 대한 준비도 하지 않았는데 좋은 성적을 받게 되었다. 대학교 2학년 때 학군단을 준비하면서 인적성검사를 공부했던 것, 꾸준히 책을 써왔던 것이 누적되어서 도움이 되었다. 이처럼 하나를 준비하면서 쌓아진 실력은 다른 곳에도 도움이 된다. 평소에 뉴스에서 경쟁률이 100 : 1이라는 이야기를 들으면 '미친 사람들만 합격할 수 있는 것'이라고 생각했었는데 내가 그러한 성적을 받으니 놀라우면서도 취업에 대해서는 정말 마음이 놓이고 걱정이 되지 않았다. 그 뒤로는 인적성검사에 대한 부담을 내려놓을 수 있었다.

다음으로 면접에 대한 준비는 평소에 정말 많이 해왔다. 내가 고등학교 때에 학교 도서부에 들어가게 되었고 2학년이 되어 도서부 기장을(대표) 맡았는데 다음 신입생을 뽑을 때 도서부 2학년 간부들이 1학년 학생을 면접 보게 되었다.

30명 가량에게 이력서를 받았고 전 인원 면접을 보았다. 경쟁률은 2 : 1 정도였다. 고등학교 1학년 때에는 면접을 보고 합격을 했고, 2학년 때에는 기장이 되어서 면접관의 역할을 해보았다. 30여 명의 이력서와 자소서를 읽어보고 면접을 봤고 18살의 어린 나이에 면접관의 역할을 하면서 면접관의 입장이 되어볼 수 있었다.

면접관을 해보니 면접관의 입장과 관점, 평가요소 등을 쉽게 파악할 수 있었고, 다른 간부들과 합격자에 대한 의견을 공유하면서 다른 동기들의 평가방법도 알게 되었다. 아무것도 모르고 평가했지만 지금의 취업 면접 기준과도 크게 다르지 않았다. 무언가에 꾸준히 도전해왔고, 많은 면접에서 합격해왔다.

나는 평소에도 말하는 연습을 많이 했다. 그것이 면접에 관련된 것이든 아니든 시간이 날 때마다 말하고, 생각했다. 그렇게 일상생활 속에서 면접 준비를 끝냈었다. 전역할 때가 되어 삼성을 지원하였고 인적성검사까지 합격한 후에 며칠동안 삼성면접에 대한 분석과 준비를 했다.

처음 삼성에 지원할 때는, 이렇게까지 준비했는데 '나 같은 인재를 몰라본다면 나도 취업하지 않겠다.'는 생각을 하기도 했다.

최선을 다하기 위한 나름의 마인드 컨트롤이었다.

그랬던 내가 서류와 인적성검사까지 합격하고 부모님께서

진심으로 기뻐하시는 모습을 보자 확신은 있었지만 '혹시나 떨어지면 어떡하지?' 하는 생각이 들기도 했다. 면접을 보고 나서는 정말 하루에 몇 번씩 합격자 조회를 해보았었다.

예정보다 늦어진 발표에서 최종 합격을 알게 되었고 기쁨보다는 안도가 더했었다.

에필로그

　저는 이렇게 취업에 성공했습니다. 20년 동안 취업을 생각하고 연구했었고 10년 동안 취업을 가르쳐왔습니다. 그동안 다양한 경험을 해왔고 우여곡절도 있었지만 이렇게 취업을 강의하고 책을 출간할 수 있게 되어서 정말 기쁩니다. 앞으로도 모든 분이 행복해질 수 있도록 계속해서 연구하고 책을 쓰고 싶습니다. 이 책을 읽고 취업준비생분들이 열심히 노력해서 값진 결과를 얻기를 진심으로 바랍니다.

　'면접! 이렇게만 준비해라'를 집필 중인데 더 노력해서 좋은 내용을 전해드릴 수 있도록 하겠습니다. 취업준비생 여러분 '면접! 이렇게만 준비해라'를 통해 꼭 많은 도움 받으시길 바라며, 취업준비생 여러분을 비롯해 지금의 제가 있도록 도와주신 모든 분께 감사의 말씀을 올립니다.

박재훈

초등학교 3학년 때부터 아르바이트를 시작하였고, 대학생이 되면서 10년간 취업 멘토로 활동했다. 이후 삼성중공업에서 관리업무와 장교로 복무하며 리더로서 인력관리의 경험을 쌓았다. 또 미국에서의 1년을 포함해, 해외 10개국을 여행하여 간단한 4개 국어를 할 수 있다.

현재는 작가와 취업강사로 고등학교와 대학교에서 취업 및 진학 강의를 하고 취업과 진학을 위한 1:1 트레이닝, 학부모 상담을 진행하고 있다.

취업상담회와 취업설명회, 자기계발서 등의 경험과 자료를 통해 꾸준히 취업을 연구하고 직접 학생을 지도하며 효율적인 취업 방법을 정립 중이다.

저서
『취업! 이렇게만 준비해라』
『면접! 이렇게만 준비해라』

이메일
chuiup100@daum.net

취업!
이렇게만
준비해라

초판인쇄 2019년 1월 14일
초판발행 2019년 1월 14일

지은이 박재훈
펴낸이 채종준
펴낸곳 한국학술정보㈜
주소 경기도 파주시 회동길 230(문발동)
전화 031) 908-3181(대표)
팩스 031) 908-3189
홈페이지 http://ebook.kstudy.com
전자우편 출판사업부 publish@kstudy.com
등록 제일산-115호(2000. 6. 19)

ISBN 978-89-268-8696-0 13330